Johanns Limousinen

Ingeborg Drews

Johanns Limousinen

Roland Reischl Verlag, Köln

Bibliografische Information der Deutschen Nationalbibliothek. Die Deutsche Nationalbibliothek verzeichnet diese Publikation in der Deutschen Nationalbibliografie; detaillierte bibliografische Daten sind im Internet über www.dnb.de abrufbar.

Bildnachweis: Titel: Ingeborg Drews; Porträt S. 216: privat

Layout & Satz: Roland Reischl; Korrektorat: Werner Beutler

Herstellung: BoD, Books on Demand, Norderstedt

Roland Reischl Verlag, Herthastr. 56, 50969 Köln

Erstausgabe Softcover 2020

ISBN 978-3-943580-34-1

VORWORT

Ein Lebensbild von Ingeborg Drews

Ingeborg Drews porträtiert ihren Vater. Das Porträt ist mehr als eine autobiografische Erzählung, es ist ein mäanderndes Zeitbild. Es fokussiert vor allem auf die ersten Jahrzehnte der Nachkriegszeit und beleuchtet dabei Facetten des gesellschaftlichen Miteinanders, aber auch die Vorstellung eines eigenbrötlerischen Einzelgängers. Johann ist ein gutmütiger und nicht allzu geselliger Bastler, Träumer, Handwerker und Autonarr. In seinen frühen Fotografien ist sein künstlerisches Talent eindeutig zu erkennen, doch niemand nimmt dieses wahr, auch er selbst nicht. Sein Ziel ist es, einmal einen echten *Daimler-Benz*, vielleicht sogar einen 200 SL, zu fahren und zu besitzen. Darauf spart er Jahr um Jahr. Ein *Buick*, den er in den 1930er-Jahren fuhr, entfachte schon seinen Stolz und seine Leidenschaft, doch in der Nachkriegszeit reicht es nur zu einem *Tempo* und dann zu einem kleinen *Opel*. Das Ziel eines *Daimler* oder einer schönen Vorkriegs-Limousine steht ihm lebenslang vor Augen.

Johann ist einerseits ein Familienmensch und andererseits ein in sich abgeschlossenes Wesen. Wenn er an einem Auto schraubt, tut er dies mit voller Konzentration, spricht wenig oder gar nicht und akzeptiert allenfalls die Gesellschaft von Kindern. Er ist gutmütig, das Haus der Familie führt er als offenes Haus und auf den Trubel nimmt er weniger Einfluss, als seiner Frau lieb ist.

Ingeborg Drews nutzt die gesellschaftliche Offenheit dieses Hauses, um Charaktere jener Zeit erscheinen und wieder abtreten zu lassen. Das Haus wird zum Forum von Lebensgewohnheiten und Diskussionen der 1950er- und 1960er-Jahre, von Leit- und Schreckbildern. Viele Zeitgenossen empfinden die Autoliebe von Johann als wunderlich, doch versinnbildlicht sein lebenslanges Sparen für einen *Daimler-Benz* nicht die Besessenheit der frühen Nachkriegszeit von Gütern der Mobilität und Statusindikation? Zunächst sieht es so aus.

Johanns Besessenheit erfährt Rückschläge: Ein Fehlkauf eines *Mercedes* mit verzogenem Chassis verschlingt einen großen Teil des Angesparten – und auch sonst ist Johanns Kaufgeschick nur begrenzt glücklich. Und Johann stirbt zu früh. Mit 66 Jahren erliegt er einem Herzinfarkt. Seine jüngere Tochter findet im Nachttisch das verborgne Ergebnis seines lebenslangen Sparens: Es sind 4.000 DM, und sie reichen genau für seine Beerdigung, wofür sie auch verwendet werden.

Ingeborg Drews Charakterstudie zeigt einen Teil der Lebensweisen und der Ideale einer Generation, die sich erst nach dem Ende der vielen Jahre Zweiten Weltkriegs ein eigenes Leben aufbauen konnte und das auch nur bescheiden, geduldig. Sie zeigt das Funktionieren eines Menschen in der Gesellschaft, das Bewahren von Träumen, den Eigensinn, sich das Singen von Liedern nicht vergällen zu lassen, das Projizieren ideeller Wünsche auf materielle Ziele. In Johanns Wunderlichkeit, die von außen belächelt wird, bewahrt sich der Handwerker das Reich seiner Kindheit.

Robert von Zahn

Ein Mann unter dem Auto

Lauras Vater lag im Hof unter seinem Wagen. Der Hof hatte einen schmutzigen, etwas hügeligen Steinboden und befand sich zwischen Haus und Anbau. Zur Straße hin nahm der Metzgerladen mit großem Schaufenster des bekannten Geschäfts des Fleischermeisters Johann W. und seiner Frau Wilhelmine vom ganzen Haus den hauptsächlichen Platz ein. Neben dem Hauseingang mit Eichentür und geschwungenem Gitter befand sich das Fenster eines kleinen Raumes seitlich rechts, den weiteren Teil der Vorderfront links nahm der Laden ein mit einer Laden-Eingangstür für die Kunden. Ein kleiner Marmorvorsprung verlief unter dem Schaufenster, auch der Hauseingang war seitlich mit den gleichen Marmorplatten ausgestattet. Lauras Vater hatte zu all dem die Entwürfe geliefert, eigentlich auch zum Bau des Hauses, obwohl er dies nicht gelernt hatte.

Der Glanz dieses in der Vorstadt beliebten Fachgeschäfts lag zunächst eindeutig auf seinem schönen, hellen Schaufenster. Hier besonders geschätzt durch dessen Marmor-Etalagen, auf welchen die Inhaberin und eine Verkäuferin jeden Morgen ein Sortiment feiner Schinken, roher und gekochter, so wie gut geschnittener Fleischteile, Innereien, Scheiben diverser delikater Wurstsorten auf Silbertabletts und auch eine kleine Knochenansammlung in einer Stahlschüssel verteilte, mit geräumigem Abstand auf den Marmorstufen ausstellte. Dazwischen gab es, ebenso großzügig verteilt, Gläser mit Senf, scharf oder süß, einige Gurkengläser, Gewürzdosen, Mayonnaisetuben. Zwischen großen Lagen aus fettem und magerem Speck lagen die runden Ringe einfacher Wurstsorten, welche in ihrer Benennung das Wort »Hausmacher« voranschickten, welches auf einfache Herstellung und geringen Preis hinweisen sollte. Hausmacher Blut- und Leberwurst war das Billigste, das man hier erstehen konnte. Es war im Viertel bekannt; eine Mark jeder der Wurstringe. Diese alle gleichwohl von guter Qualität. Man achtete ebenso den Geheimtipp, dass Johanns feine Leberwurst erster Klasse war; sie war in keinem anderen Metzgerladen zu haben. Ebenso die grobe Leberwurst, welche auch nicht von schlechten Eltern war – aber diese feine »1a Leberwurst von Johann W.« war nun einmal sein Markenzeichen.

Als kleine grüne Bäumchen hatte die Verkäuferin hier und da Petersilienbüschel eingefügt, sowie weiße handgeschriebene Schildchen mit Preisangaben. Diese Schildchen hatte sie mit spitzen Fingern in die Fleischteile gestochen, sie waren rückwärtig mit Nadeln versehen.

Laura fand aus ihr unbekannten Gründen diese Schildchen spannend, oder jedenfalls, wie sie in das feste Fleisch gestoßen wurden. Wenn das Vorzeige-Sortiment perfekt arrangiert und fertig auf den Etalagen ausgebreitet war, dies in den bestimmenden Farben Rosa, Fleischrot und Elfenbeinweiß, wurde die Eingangstür zum Laden geöffnet, gegen acht Uhr morgens.

Der Vater Lauras, Johann W., befand sich am Morgen gewöhnlich bald in seiner Wurstküche, welche hinter dem Hof mit dem Glasdach lag. Sie war geräumig, sauber, und die Maschine, der Kutter, stand auf dem gleichen gekachelten Boden, der auch den Laden bedeckte. Johann W. hatte bereits das oben über der Türe angebrachte Radio angestellt. Es war heute schon Mittag. Er lag, wie öfter einmal, in einem alten Pullover und einer Arbeitshose im Hof unter seinem Auto.

Was tat der Metzgermeister unter dem Personenwagen?

Ein Mercedes war es nicht, das noble Gefährt, das man in der Nachkriegszeit den»Metzger-Wagen« nannte. Vielleicht, da die Metzger gut verdienten und sich als erste das berühmte deutsche Auto leisten konnten. Ein Buick war es auch nicht. Etwa der Buick, den Johann W. vor dem Krieg gefahren hatte und der verloren gegangen war. Es war ein Opel, praktisch und zuverlässig. Wenn dieser einen Defekt hatte, konnte Johann W. diesen gewöhnlich selber reparieren. Es gab eigentlich nichts, das er nicht zu reparieren versucht hätte, wenn es defekt war.

Alles war hier reinlich. Aber unter dem Auto herrschte eher eine schmutzige Welt, mit Ausblick nach oben, auf die Automechanik. Kam ein Freund, Kollege oder Kunde, und fragte: „Wo ist der Johann?“, so sagte Wilhelmine W., Lauras Mutter: „Der Johann liegt im Hof unter dem Auto.“

Das brachte seine Tochter nicht in Erstaunen. Auch nicht, dass er kurz darauf mit schmierigen Händen aus dem Dunkel unter dem Wagen hervorkroch. Auch, dass er nicht sauber angezogen war. Laura gewahrte auch nicht, dass sein schön geformtes Gesicht mit den besonders ausgeprägten langen Blauaugen irgendwie nicht zu der ganzen unter dem Auto hervorkriechenden schmutzigen Gestalt passte. Die groben Hände auch nicht.

Sie bemerkte ebenso nicht das leichte Naserümpfen, das sich im Gesicht ihrer Mutter regte; diese rümpfte immer die Nase, wenn sie wieder einmal antworten musste:

„Der Johann liegt im Hof unter dem Auto.“

Der Zwischenhof, in welchem Johann W. wieder zu unpassender Zeit unter seinem Opel lag – obwohl er anhaltend von einem Mercedes träumte –, war mit einem von Stahlträger-Schienen unterteilten Glasdach bedeckt. Ein asymmetrischer, geräumiger Platz, der eigentlich als Durchgang zu Anbau und Kühlhaus dienen sollte. Er diente auch als Garage für den Wagen und die Fahrräder der beiden Kinder.

Die Limousine stand mitten im Weg, viel zu groß, den Hof bestimmend. Am oberen Ende des Raumes lag »der Räucher«, ein schwarzer kleiner Raum, in welchem Johann W. Dauerwürste und Schinken an bestimmtem Tag wöchentlich zu räuchern pflegte.

Sie wurden an Stöcken befestigt und blieben stundenlang über dem glimmenden Feuer aufgehängt.

Der Hof war Lauras Zuhause ebenso wie ihr Zimmer. Hier hatte sie den geliebten Vater stets in der Nähe, ohne nach ihm zu fragen.

Kurz vor der Tür, die zum Laden führte, hingen von der Decke herab zwei Stricke mit einer Holzrolle in der Mitte, eine

Schaukel. Johann W. hatte diese für seine Kinder unter einer Verstrebung des Glasdachs angebracht. Wie er dahin gekommen war, blieb rätselhaft. Es gab keine Leiter, die bis an das hoch gelegene Glasdach herangereicht hätte. Diese Schaukel hing ebenso an unpassender Stelle, wie die Limousine im Weg stand, an unpassender Stelle den Weg versperrte. Das brachte Johann W. die Kritik seiner Frau ein, was ihn nicht beeindruckte. Auch nicht, als einmal eines der Kinder von der Schaukel hinab auf den Steinboden gefallen war. Da entstand ein unangenehmer Tumult. Mit einem Kracher im Kopf vom Aufprall auf dem harten Boden hatte Laura auf der Erde gelegen, benommen. Sie war nur langsam schwankend wieder aufgestanden. Johann W., erschrocken, hatte dem Kind übers Haar gestrichen, bis es beruhigt war. Dabei war seine grobe Hand butterweich gewesen, sein blauer Blick himmelsunschuldig, aber plötzlich schwermütig. Die Frau Johann W.'s, die Verkäuferin, der Geselle und einige neugierige Kundinnen waren in den Hof gekommen, als der Aufprall geschehen war. Sie gingen schimpfend in den Laden zurück.

Man hatte die Sache trotz der Empörung nach einiger Zeit vergessen. Der Vorfall tat der Freude der Kinder am Schaukeln im Hof keinerlei Abbruch. Leider, leider, dachten Johann W.'s Frau Wilhelmine so wie die Verkäuferin, vielleicht auch der Geselle aus der Wurstküche und die Kunden.

Johanns W.'s Verwandte fragten sich manchmal, ob der Johann ganz richtig im Kopf sei.

„Weißt du, was der Johann wieder gemacht hat?", begann leise oft etwas, das einer dem anderen mitteilte; Johanns Frau hatte keinen geringen Anteil daran. Die Schaukel störte natürlich jeden, der eilig durch den Hof ging; und fleißige Menschen mussten die Limousine ständig umrunden. Leute, die mit Lebensumständen zu tun haben und am Tag viele Stunden mit diesem beschäftigt sind, hasten häufig von einem Ort oder von einer Tür zur andern. Auf solchen Wegen stören schaukelnde Kinder.

Johann W. störten sie nicht.

Das Tagesgeschäft

An der rechten Seite des Hofes, von innen gesehen, befand sich das Geschäft. Ihm gegenüber hinter dem Wagen die Wurstküche des Metzgermeisters. Die Wurstküche und ein über ihr liegendes Stockwerk mit zwei Wohnräumen, kleiner Toilette mit kleinem Waschbecken, bildeten den Anbau zum Haus. Johann W. hatte ihn nach dem Krieg errichten lassen, oder vielmehr selber mit einem Maurer aufgebaut.

Das sprach von Übersicht und gelungener Planung, wie eigentlich die meisten Dinge, die Johann tat. Etwas, das allerdings kaum einer bemerkte, geschweige denn geachtet hätte. Fast alles, was Johann W. erstellte, baute oder produzierte, wurde lediglich hingenommen. Dazu gehörte natürlich auch, was er unter dem Auto tat und wovon außer ihm keiner eine Ahnung hatte.

Der Tagesbetrieb des Geschäftes nahm neben all diesem den Hauptanspruch auf Wichtigkeit ein. Die Kunden brachten das Geld, und die Zeiten der Arbeit wurden täglich eingehalten. Jeder hatte seine Kenntnis von Fachmetzgerei zu erweisen, auszuführen in kräftigen, klugen und einträglichen Handlungen. Die zerlegten Tiere, tot, welche auf dem Schlachthof einzukaufen waren, oder in der Wurstküche von ihm selbst zerlegt wurden, bildeten die Hauptaufgabe von Johann W., er, der eigentlich lieber hatte Schreiner werden wollen. Als junger Mensch sollte er abends Zither gespielt haben. Wilhelmine W. machte das, wie vieles, das von Johann erzählt wurde, gern lächerlich, er spielte Zither längst nicht mehr.

Laura hörte später in Wien einen Zigeuner in schönem Lokal einmal die altmodische Zither spielen und Xylophon. Es war ihr schwer, das Lokal wieder zu verlassen. Sie dachte an ihren Papa, und wie er wohl ausgesehen habe, als er Zither spielte. Wovon hatte er als junger Mann geträumt?

Er hatte das Geschäft von seinem Vater geerbt.

Das Kühlhaus lag im Hof rechterhand, noch zum Haus gehörig. Laura bestaunte innerlich dieses Kühlhaus, in dem es den ganzen Tag kalt war und die toten Tierteile aufgehängt an Fleischerhaken die Zeit zu überdauern hatten, bis sie verkauft wurden. Wenn ein Teil schlecht wurde, roch es unangenehm, es wurde weggeschafft. Manchmal ging sie hinein, sah sich das alles an und roch den kalten frischen Fleischgeruch. Dass er so kalt war, der Geruch, gehörte dazu. Das war kein Totenhaus, es war ein Kühlhaus. Dass Totes verkauft wurde und erst einmal noch nicht verwest war, galt hier als normal. Das Fleisch und die Wurstwaren ihres Vaters galten als vorbildlich in ihrer Qualität, er war stolz darauf und kannte viel von seinem Fach. Aber etwas in ihm hatte auch gar kein Interesse daran.

Die Kunden begehrten einiges, das durch den Hof in den Laden geholt werden musste. Entweder aus der Wurstküche oder dem Kühlhaus. Sie begehrten vielerlei Fleischteile, die alle bestimmte Namen hatten. Laura hatte diese entweder nicht behalten können, oder wollte sie nicht mehr kennen, denn dieses Metier sollte nicht das ihre werden. Die Fachsprache hier war ihr lästig, Worte aus Liedern waren ihr lieber. Woher kam das? Noch als alte Frau sollte sie nicht wissen, was die Bezeichnungen von Fleischteilen aus einer Metzgerei bedeuten, der Name »hohe Rippe«, oder »Hüftsteak«, oder »Filetstück«, oder »Nüsschen« und so weiter. »Bauchfleisch« kannte sie allerdings später in ihrer Jugend, weil es so billig war und sie immer wenig Geld haben sollte. Bauchfleisch kaufte sie in fremden Metzgereien und briet es. Nichts von den edleren Teilen Fleisch, die ihres Vaters Laden so angesehen gemacht hatten, konnte sie selber sich leisten.

Die Würste, Schinken, Filets und Koteletts wurden hin- und hergetragen. Das Fleisch und die Knochen dann oft auf den Block geworfen, das war ein großes Teil aus purem Holz, ansehnlich. Durch den Gebrauch war die Oberfläche etwas faserig zerrüttet und wellig. Die Seitenteile glatt, man konnte sehen, wie der »Block« zusammengesetzt worden war. Immer lag ein Beil auf diesem Block, auch eine Säge.

In ihrem Zimmer oben hörte Laura stets die lauten Schläge, wenn Knochen abgeteilt wurden oder zerschlagen. Das begleitete ihre Lieblingsmusik von Tschaikowski, einer Schallplatte, die sie sich erspart hatte.

Im hellen Hof herrschte reger Betrieb, und die Ladenklingel bimmelte den ganzen Tag. Außer in der Mittagszeit. Hatte sich Wilhelmine in ihrem »Zimmerchen«, das für den Aufenthalt neben dem kalten Laden schön gewärmt war und ihre Bols-Liköre in einem Schränkchen barg, mit der Verkäuferin verplappert oder auch vielleicht mit ihrer Tante oder Freunden, rief Lauras Vater oder der Geselle aus dem Hof: »Kundschaft!« Dann eilte sie hinaus, betrat forschen Schritts die Holzbohlen hinter der Theke, sah die Kundin, den Kunden an und fragte: „Was darf es sein?“

An den Wochenenden, samstags, standen die Kunden manchmal in drei Reihen hintereinander dort vor ihrer Theke und zankten nicht selten, wer nun eher dran sei, also eher hereingekommen.

Man hatte gut zu tun. Die Ladenöffnungszeit ging von morgens um acht bis abends um sieben Uhr, mit einer Unterbrechung in der Mittagszeit von ein Uhr bis drei Uhr. Abends musste danach alles »ausgeräumt werden«, auch all das Schöne, das auf den Etalagen ausgelegt gewesen war. Die Petersilienbäumchen wurden weggeworfen, die Schildchen eingesammelt. Alle Blech- und Stahlschüsseln gespült, der Boden geputzt, die Fleischwaren mussten zurück ins Kühlhaus. Das Säubern dauerte manchmal fast eine Stunde, es war dann beinahe acht Uhr abends. Wilhelmine W. befasste sich danach mit der täglichen Buchhaltung, von der Johann W. nichts verstand.

Dann saßen alle beim Abendessen, müde, aber oft doch munter. So munter, dass hernach Wilhelmine und Johann noch in die benachbarte Gastwirtschaft der Tante hinübergingen. Dort wurde gesungen, getanzt, Skat gespielt, erzählt und getrunken. Am nächsten Morgen öffnete Johann nicht selten sein Portemonnaie, um nachzusehen, was der Abend wieder gekostet hatte.

Johann W.'s ausgesuchte Höhle

Von einer Seitenstraße her führte eine große Einfahrt in den Hof. Der Innenraum war gewöhnlich mit einer schweren Holztür an dieser Seite verschlossen. Wollte Johann W. das Auto hinein- oder hinausfahren, öffnete er das Tor. Das Auto musste allerdings, so es Schäden gezeigt hatte, vollständig repariert sein. Johann W. gab das Auto selten in eine Werkstatt, er reparierte, lackierte, setzte von unten her Teile ein, bohrte, schraubte, klopfte und schmierte. Er erforschte und untersuchte seinen geliebten Wagen so gründlich wie ein Arzt einen neuen Patienten. Er tat es so oft, dass es seiner Frau ein Dorn im Auge war. Denn er lag natürlich auch, wenn ein Bündel Kunden im Laden war, unter dem Auto, dem Opel. Er, der einmal einen Buick gefahren hatte.

Johann wurde nun mehrmals gerufen, aber er antwortete nicht. Kunden schienen ihn nicht zu interessieren. Laura merkte das mit Vergnügen. Auch sie fand die Kunden langweilig, wie sie immer schwatzten vor der Theke, lauter dummes Zeug. Und die Damen unter ihnen hatten solche »Friseur-Frisuren«, wie Laura das nannte. Hässlich, alle die gleichen. Sie schienen auch immer alle das Gleiche zu reden.

Johann lag im Dunkel und hatte wieder schwarze Hände, hörte das Geplapper der Kunden nicht, und da er so schmutzig war, war er nicht zu gebrauchen. Wenn also Fleischteile fachkundig auseinander geschnitten und Knochen gesägt werden mussten, hatte Johann seine ölverschmierten Hände. Das erregte seine Frau, und der Geselle musste einspringen. Laura hörte manchmal Wilhelmine mit der Verkäuferin bereden, was für ein grober Mann doch Johann sei. Wie ein Russe, sagte sie.

Laura wusste: Der Vater war völlig abgemagert aus dem Krieg zurückgekehrt – aus Russland. Er war dort auch in einem Lazarett gewesen. Manchmal sagte Wilhelmine leise etwas zu der Verkäuferin, dass ihm dort eine Russin Nahrung gebracht hätte ...

Laura dachte noch im ganzen Leben darüber nach, was das wohl für eine Russin gewesen sei. Der Vater, der sonst so wenig sprach, hatte sie viele russische Wörter gelehrt, was »Brot« hieß, und »Guten Tag« und was »Frau« und was »warm« und was »Schlüssel« – und dann noch von eins bis zehn russisch zu zählen.

Vor der Tür zum Laden schaukelten wieder die Kinder. Was ist das hier für ein tägliches Manöver, dieses Geschäft, dachte Wilhelmine.

Die Kinder wussten, dass Herr W. in der Nähe war, und sie kannten sowohl Johanns schwarze Hände als auch seine blauen schönen Augen. Er war kräftig, das sahen sie, aber er würde keinen schlagen. Auch nicht, wenn manchmal zu viele Kinder den Hof bevölkerten und laut waren. Er schimpfte ja nicht einmal. Der jagte kein Kind fort. Sie hatten ihn alle gern; denn er war so einer, der selbst wie ein Kind war. Er war kein fremder »Erwachsener«, war anders, als die anderen »Großen«. Der Herr W., ja, sie nannten ihn alle »Herr«, innerlich. Außerdem hatte er ja die Schaukel angebracht, die sie begehrten.

Diese Kinder waren immer etwas neugierig, was Herr W. denn unter seinem Auto machte – aber sie hielten sich brav zurück. Manchmal hockte sich eines seitlich der Limousine doch hin und spähte aus nach Herrn W. im Dunklen, mit all dem Werkzeug.

Die Sonntage

Dann kam die Pause und Johann W. fuhr mit der ganzen Familie zum Sonntagsausflug.

Natürlich musste der Wagen jetzt vollkommen in Ordnung sein. Seine Frau sollte ins schöne Café auf dem Land gefahren werden und die Kinder auch. Schon morgens um sechs stand Johann W. auf, und bald nach dem Frühstück rief er: „Seid ihr alle fertig?"

Er drängelte zum Ausflug. Madame konnte sich endlich gut anziehen und schön herrichten.

Gerade mit seinem Ausflug konnte Johann seine Frau auch darüber beruhigen, dass er bald danach wieder unter das Auto kriechen würde.

Im Hof war es heller, als in den ihn umgebenden Räumen. Der Mann scheute also keine Dunkelheit, und ob er sich gerne verkroch, unter dem Auto? Denn, sollte er mit den Kunden sprechen, war es besser, eine notwendige Reparatur am Wagen zu haben. Sprechen war Johann W. ohnehin lästig. Nur manchmal im Sommer abends vor der Haustüre redete er mit einigen ruhigen Handwerkern, die er aus dem Viertel kannte. Sie standen in der abendlichen Wärme an seiner Tür um ihn herum wie auf einem Dorfplatz. Das machte ihm Freude. Seine Frau langweilte es, sie blieb drinnen.

Manchmal saßen auch die Kinder auf der Stufe zum Hauseingang, in dem er stand. Das gefiel ihm, Laura konnte alle Freunde und Freundinnen an der Haustür oder auf ihren Treppenstufen oder in ihrer Straße um sich haben. Als der Papa ihr zu Weihnachten eine »BOX«, den ersten Fotoapparat geschenkt hatte, fotografierte sie alle diese Freunde abends auf der Stufe des Hauseingangs hockend. Den schielenden Kurt, die Gretel mit den Zöpfen, die hübsche Elfie mit dem weichen Gesicht, den frechen Heinz und die Marlies, wo man manchmal gegenüber Pfannkuchen bekam. Das Foto sollte sie bis zum Ende ihres Lebens behalten.

Die BOX war fortan ihr größter Reichtum, außer natürlich der hölzernen Flöte, die der Papa ihr ins Krankenhaus gebracht hatte, als die Mandeln entfernt werden mussten. Die Flöte blieb auch immer bei ihr. Ein andermal im Krankenhaus hatte er ihr eine Hohner-Mundharmonika gegeben, die beste. Da zeigte er ihr hernach, wie man darauf spielt, und zwar das Lied: „Bald gras ich am Neckar, bald gras ich am Rhein, bald hab ich ein Schätzel, bald bin ich allein.“

Dabei hatte er heftig und haargenau in dieses Gitter in der Mundharmonika hinein- und hinausgeblasen.

So rare und richtig liebe Geschenke waren das ... Wie auch die lederne Schultasche, die teuer war und das lederne Schulmäppchen, dass er ihr vor dem Schuleintritt ausgesucht hatte, und das sie immer noch in der Schublade hatte. Das Mäppchen mit dem besten grün-schwarz-gestreiften Pelikan-Füller mit Goldfeder, den es immer noch gab und der nun ein Vermögen kostete.

Himmel über dem Glasdach

Das hohe Glasdach des Hofes bewirkte ein gleichmäßiges Licht, Licht, wie es ist, wenn es wie unbeschränkt geradezu aus dem Himmel herunterfällt. Laura mochte den Hof und sein Licht. Ihr Fahrrad lehnte an einer seitlichen Wand des Hofes, es hatte eine feine weinrote Farbe, einen glänzenden Lenker aus Edelstahl, den Laura manchmal streichelte. Das Rad hatte sie zu Weihnachten bekommen. In dieser Nachkriegszeit musste sich ein Vater, auch ein Geschäftsmann, das Geld für zwei Fahrräder für zwei Töchter eisern zusammensparen. Vor dem Krieg wäre es Johann vielleicht nicht schwergefallen.

An schönen Tagen sang Johann W. in seiner Wurstküche, wenn er mit den Gewürzdosen hantierte. Er sang Lieder aus Opern, Operettenlieder, Volkslieder.

Die Wurstküche, in der Laura den Vater gern besuchte, hatte zwei kleine, vergitterte Fenster zur Straße hin, ungewöhnlich hoch angebrachte Fenster. Manchmal dachte Laura: wie Gefängnis-Fenster ... So war der Vater dort auf jeden Fall sicher untergebracht. Wenn sie ihm wieder einmal nachgelaufen war und bei der Arbeit zusah, begann er, ihr etwas zu erzählen. Darauf hatte sie nur gewartet. Im Radio erklang gerade die Stimme von Joseph Schmidt oder sonst einem berühmten Sänger.

Vater und Kind lauschten beide. Die weiche und ergreifende Stimme gefiel ihnen. Er kann sehr hoch und sehr tief singen, dachte Laura. Sie hatte Ehrfurcht vor solcher Stimme, die der Vater mit ihr teilte. Vielleicht wussten sie beide nicht, dass der hohe Respekt, den sie aller Kunst, besonders der Musik zollten, sie insgeheim einigte.

In der Familie nahm man diese Dinge im Übrigen eher als ein Nebenher wahr, oder ohne Einfühlung. Wilhelmine W. sang ebenso gern, aber sie bewunderte hierbei mehr sich selber als ihre Vorbilder. Hatte sie Vorbilder? Laura hörte von ihr selten ein Lob über großes Können anderer, sie schien sich beim Singen eher selber immer im Spiegel zuzusehen.

Johann machte plötzlich ein trauriges Gesicht. Schmidt hatte aufgehört, das Lied war zu Ende. Er sah auf sein Kind Laura und berichtete leise: „Der Joseph Schmidt war ein ganz kleiner Mann. Er war Jude. Und ihn kannten alle." „Jude ...?", dachte Laura. „Was denkt der Papa über die Juden, den Krieg?"

Sie brauchte ihn nicht zu fragen, sie hatte längst gesehen, wie sehr er Joseph Schmidt liebte und all diesen Menschen nichts zuleide getan hätte. Laura erfuhr später von dem grausamen Schicksal, das die Nazis dem kleinen Mann bereitet hatten, am Ende seiner großen Weltkarriere, die ihm aber auch nicht hatte helfen können. Dass die Gemeinen sein Leben verkürzt hatten auf die schrecklichste Weise.

Wie nur ist es so, dass die, die ihn verehrten und so viele, ihn nicht retten konnten? Es blieb ihr lebzeitlang unheimlich, dass die verfolgten Künstler alleingelassen wurden. Von allen, auch von denen, die doch ihren Respekt vor den Künstlern bekundet hatten. War dieser Respekt hohl, eine Farce? Johann erzählte es nicht, und so hatte sie all die Jahre nur den großen

Joseph Schmidt im Herzen, den Mann mit der bedeutenden, ergreifenden Stimme. Als sie von seiner Geschichte hörte, weinte sie.

Johann hatte die Geschichte ausgelassen – vielleicht, damit sie nicht weine in seiner Wurstküche. Sie sollte nicht wissen von den ungeheuerlichen Taten der Menschen, noch nicht.

Laura erinnerte sich jetzt, dass Johann in der gleichen Weise das Lied „Dein ist mein ganzes Herz" schon häufig in seiner Wurstküche gesungen hatte. Auch eines, das er gewiss von Joseph Schmidt kannte. Und dass auch er, Johann, ganz hoch und ganz tief singen konnte! Er sang es so gewaltig, dass doch eigentlich Wilhelmine im Laden es hören musste. Hatte sie ihn all die Tage vernommen? Oder das, was er meinte?

Laut sagen konnte er so etwas nicht, auch nicht leise. Auch nicht hoch in der Stimme, oder tief. Aber er konnte es singen: Dein ist mein ganzes Herz.

Laura beobachtete ihn oft begeistert. Lächelnd sang Johann W. auch den »Postillon von Lonjumeau« von Adam, das geschah ebenso bei den Autofahrten: »Freunde, vernehmet die Geschichte ...«

Laura verstand den Text noch nicht – warum lächelte Papa so dabei? Später bemerkte sie, dass der Charme dieses Postillons die Damen hohen Standes verführte, sie reisten in die Welt, nur um in seiner Begleitung zu sein ... Das hatte ihm gefallen! Was hatte er nur mit den »Postillons«? Das lange Gedicht von Nikolaus Lenau »Der Postillon« kannte er auch ganz auswendig; aber das gehört in einen andern Teil der Geschichte. Es gab jedenfalls einige hochgebildete Damen in der weiteren Umgebung, die auch Johann W. verehrten!

Als er gestorben war, brachte eine Unbekannte stets erneut frische schöne Blumen auf sein Grab, nie fand man heraus, wer sie war. Ein »er« war es wohl nicht.

Laura war es warm ums Herz, wenn sie ihren Vater singen hörte, und stolz: Ja, sie hatte einen schönen Papa, und einen, der fein war. Bis das gewaltige Schicksal an diesem ihren Stolz zu nagen begann.

Laura lernte später über Stotterer, dass sie vieles nur singen, nicht aber sagen können. Vielleicht liebten die feinen Damen gerade das Schüchterne an Johann W. Sie tanzten auch gern mit ihm, drüben, in der Gastwirtschaft. Und diese Russin, die ihm geholfen haben sollte ... Vielleicht wusste Johann das Wort »Ich liebe dich« – auf Russisch? Laura hatte es einmal irgendwo gehört, dass es klang wie: »Ia ti bea lubl ju«.

Der Russe und sein Russisch

Das hatte Johann sie nicht gelehrt; und auf Russisch hätte er es der Wilhelmine auch nicht gesagt. Im Gegenteil. Sie meinte ja stets, wenn sie ihm böse war: „Der Russe ..." Sie hatte es nicht so mit den Russen wie er. Er hätte es ihr auch nicht erzählen können, ihr – obwohl sie Dostojewski gelesen hatte und er keinen einzigen russischen Literaten. Es gehörte sich ja, eigentlich, dass man russische Literaten gelesen hatte. Er kaufte sich jedoch irgendwann dieses Buch über Rasputin, das mit vielen düsteren Bildern.

Laura riss diese Bilder von Rasputin und der Königin aus dem Buch, sie riss alles aus den Büchern der Eltern, was sie haben wollte. Später konnte sie nicht verstehen, dass niemals einer sie für dieses unverschämte Vorgehen gerügt hatte. Hatten sie es nicht gemerkt? Sie dachte immer wieder darüber nach, warum er wohl das Buch von Rasputin gekauft hatte. Als Laura alt war, hatte sie immer noch alle diese herausgerissenen Seiten bei sich, sie sagten ihr noch etwas, sie trug sie durch alle Umzüge, – derweil die Bücher selbst längst verschollen waren.

War das wie ein Aufschub, immer noch ein Jahr und noch ein Jahr – dass sie Johann W. darüber hätte befragen können? Sie würde nie eine Antwort bekommen. Keine Antwort darüber, die Bücher, die er gelesen hatte, was er sich vom Leben vorstellte, was von ihm angestrebt war, was geglaubt ... Auch sprach er nie über das, was ihm gefiel. Wenn ihm dagegen etwas nicht gefiel, sagte er kurz: „Das ist nicht natürlich."

Wenn ihm eine Person nicht gefiel, sagte er im Dialekt:

„Dat es kinner."

Das ist keiner. Laura war dann erbost, fand es rigoros und anmaßend, sie sagte dann zu Johann W.: „Wie kannst Du so etwas sagen – das ist keiner ... Jeder ist einer, jeder Mensch ist einer!" Und sie ließ nun eine ganze Tirade hören, die er aufnehmen musste. Er hörte sich das alles ruhig an und sagte danach erneut: „Dat es kinner." Laura sollte später jedes Mal herausfinden, dass es so gewesen war, dass es sich um Menschen ohne Werte gehandelt hatte. Er musste davon Kenntnis haben, oder einen sicheren Instinkt. Vielleicht Kenntnisse von Menschen, die ihr noch mangelten. Und hierin viel erfahren haben. Er sprach nicht über den Krieg, seine Aufenthalte in Norwegen, Frankreich, die mitgemachten Gefechte, vor allem im Raum Kiew in Russland, in Schitomir und Winniza-Berditschka 1944. Abwehrschlachten, von wo aus er in die »Genesendenkompanie« geriet. Sie dachte: Also wurde er verwundet ... Vielleicht zu seinem Glück ...

Laura studierte die Kriegsaufenthalte nach seinem Tod anhand des Wehrpasses, den sie fand und aufbewahrte.

Auch diesen würde sie bis an ihr Lebensende behalten. Darin stand unter »In erster Linie zu verwenden«: »Als Feldkoch«.

Wie klug von ihm, dachte sie.

Was vielleicht noch schlimmer für sie war: Er sprach nicht über seine Mutter, die starb, als er nur achtundzwanzig war, vor dem Krieg. Ab diesem Jahr hatte er alles allein bestehen müssen, dachte sie. Kein Wort, kein Trost der Mutter mehr. Und er war dann also ein »Wehrpflichtiger« geworden, er, der das Gehorchen so hasste.

Sein schreckliches Schweigen – war er jemals anders gewesen? Das hatte etwas von der namenlosen großen sibirischen

Schneedecke im winterlichen Russland, aus der kein Ton dringt, sie hörte manchmal etwas von diesem fernen Sibirien.

Laura liebte Bücher. Und die Sprache bedeutete ihr etwas, wie auch ihm – obwohl er selber so wenig sprach. Sie kannte alle Bücher im Haus und freute sich, wenn ihre Mutter Wilhelmine über Bücher redete, vielleicht über Fontane und »Frau Jenny Treibel«, oder Maupassant »Die Frau von dreißig Jahren«. Laura spürte, dass Wilhelmine hierbei oft sich selbst und ihr Schicksal dachte. Laura wollte auch wissen, was es mit diesem vergangenen Krieg auf sich hatte. Von den Russen im Krieg las sie später bei Ernst Jünger in einer seiner Betrachtungen, dass sie die Meister im Rückzug seien. Das passte zu Johann. Es passte zu den Fluchtfahrten in die Kundschaft, zu seinem Schweigen, zu dem Verstecken in seiner Höhle unter dem Auto. Es kam Laura manchmal so vor, als sei auch die Wurstküche so etwas wie seine eigene Höhle. Sie, Laura, durfte dort hinein, er blickte sogar stolz, wenn sie zu ihm gekommen war. Darüber freute sie sich. Niemand sonst im Haus brauchte so etwas wie eine eigene Höhle, aber auch sie hatte sich als Kind im Garten der Tante ihre eigenen Häuschen und Verstecke gesucht.

Ihr Vater hatte noch eine, eine recht düstere, kalte Höhle.

Das war der Keller unter der Wurstküche. Eine kaum wahrnehmbare, verwinkelte Treppe im Hintergrund führte zu diesem kalten, wenig erleuchteten Kellerraum. Die Wände blank aus Beton, immer nass; ein Gewölbe, das nicht mitzählte zu den anderen Teilen im Haus. Nur Johann ging da hinunter. Es folgte ihm von Zeit zu Zeit seine kleine neugierige Laura, sie wollte stets wissen, was er tat. Und er merkte: Sie fand es spannend, was er tat und wo immer er war, er ließ sie gewähren. In dem nassen Keller tat er so, als hätte er sie nicht gesehen, auch, wenn er dort Fleisch zerteilte. Das war das Fleisch, das man nach dem Krieg irgendwo auf dem Lande ergattert hatte und das unbedingt für den Aufbau des Hauses da sein und verkauft werden musste. Sozusagen war es das »heimliche Fleisch«, das an Kunden verkauft wurde, die auch irgendwie »heimlich« zum Kaufen kamen. Die anderen Kunden kauften auf Lebensmittelkarten, schmale Rationen. Und der Keller war auch ein heimlicher.

Wenn er dort unten war, begann Johann manchmal, schaurig zu singen.

Sie war jetzt anders als seine sonst so feste, oft fröhliche Stimme, die bei der Arbeit, oder zur Musik im Radio. Laura und die andern Kinder hätten es »schaurig-schön« genannt. Sonst sang er froh nach dem Radio, das er oben in der Wurstküche über der Eingangstür angebracht hatte. Johann W. war ohne Singen gar nicht zu denken. Auch sonntags im Auto sang er, brachte seinen Kindern die Volkslieder bei, die sie nie vergaßen. Volkslieder ... Man sagt ja »Volkslied« und »höheres Lied«. Als Kind wusste Laura davon nichts; auch nicht, dass die »höheren Lieder« so häufig ihren Ursprung im »Volkslied« haben. Volkslied – ein Wort, das man in der Antike gar nicht kannte; es waren schlicht alle Lieder lyrische Lieder. Und beide, sagte man später, seien vielleicht wechselseitig ineinander verliebt gewesen, das Volkslied und das höhere Lied.

Alles, was Johann sang, war hoch, froh und ehrlich, ob Oper, Operette, Volkslied oder »höheres Lied«.

Laura hörte später: Das deutsche L i e d war einmal »weltbekannt«, dieses Wort »Lied« in den Sprachgebrauch vieler Völker übergegangen. Laura liebte das Lied in all seinen Sprachen und Formen, würde es lebzeitlang lieben, aber das wusste sie jetzt noch nicht.

Lieder, die Gedichten entsprangen, weckten in Laura so wie in ihrem Vater eine tiefe Zuneigung. Sie mochten den lyrischen und romantischen Klang, hörten all die Vortragenden im Radio beharrlich an. Sie liebten natürlich auch solchen Ton in Kirchen und Kathedralen.

Einmal, als Johann spät nach Hause kam nach einem Zug mit einem jungen hübschen Freund, mit dem er gerne trank und umherstreifte – das heißt, erst am Morgen – saß er noch in seinem Mantel in der Treppe und wich nicht von der Stelle. Es war dies so, dass man im Haus der Arbeit nicht nachgehen konnte und die Treppe blockiert war. Wilhelmine war böse auf ihn, denn Johann und der junge Freund hatten es schon ein paar Tage so getrieben. Er blieb ruhig, blickte liebevoll und war vielleicht noch ein wenig betrunken. Aus der ihm eigenen Stille sagte er plötzlich zu den Seinen, die die Treppe hinauf wollten:

„Ihr kommt hier erst voran, wenn ihr mit mir *Großer Gott, wir loben dich* gesungen habt.“

Das war morgens gegen zehn, aus dem Treppenhaus in der Metzgerei konnte man bald darauf in der Straße Töne hören, die eher gegenüber in die Kirche und die Messe gepasst hätten. Alle sangen lauthals mit.

Und alle lachten, als Johann nun den Weg freigab, selbst Wilhelmine konnte es sich nicht verkneifen. Und das, Singen von *Großer Gott* in der Treppe, hätten Laura und die andern Kinder wahrscheinlich überirdisch« genannt.

Johann W. schien von allerlei Musik nähere Kunde zu haben, und hatte es doch nie gelernt. Ebenso von Gedichten und Poesie. Das Gedicht von Nikolaus Lenau – wie war das gekommen? Natürlich durch die Schule, die »Volksschule«. Es war sogar besonders lang, dieses Gedicht »Der Postillon«, und Laura dachte später oft darüber nach. Johann, der so schwer gehorchen konnte, hatte also mit Eifer dieses Gedicht gelernt, war dem Lehrer gefolgt ... Er zitierte es noch mit vierzig Jahren, voll Wonne, Dialektanklang und Wehmut. Hatte er einen ihm lieben Deutschlehrer, eine gute Deutschlehrerin gehabt? Die Schule verdirbt viel, wie man weiß. Jedoch: Wenn sie fördert, ist sie gottgleich! Das Lernen erweckt sodann in Kinderseelen neue Freuden!

Dieser gute Lehrer hatte zu Johann vielleicht gesagt, oder ihm bedeutet: Ich will dir nichts, du brauchst mich nicht zu fürchten. Er hatte nicht den Besserwisser gespielt. Eher ihm, dem ohnehin Bockigen, vermittelt: Geh deinen Weg. Was vielleicht das Beste ist, wozu ein Lehrer raten kann. Es ist nicht zu genau, und nicht zu ungenau.

Da hatte Johann gewiss aufgeatmet.

Aber dem Rat des Lehrers würden schreckliche weltliche Hürden entgegenstehen. Wer hat jemals das Militär ausgerottet, das gewiss nicht Johanns Sache sein würde.

Den Postillon und dazu einige Kölnische lustige Mundart-Gedichte, die die Kinder ganz herrlich fanden, zitierte er des Sonntags im Auto wieder und wieder. Der Postillon war wohl sein »Kameradengedicht«, er schien dabei an einen zu denken, der bereits tot war.

Wenn er jedoch in dem trüben nassen Keller zu singen begann, lief es Laura eiskalt den Rücken herunter. Ihr Vater war dann ein fremder, unheimlicher Mann.

Wusste er schon, dass sie ihn betrog?

Und warum betrog sie ihn? Laura wusste all diese Erwachsenenfragen ohnehin nicht zu beantworten. Sie würde auch später die Menschen schwer verstehen. Jetzt, in dem nassen Keller, spürte sie Unheilvolles im Raum. Etwas, das sich in ihm regte, aus ihm kam. Sie verstand es nicht. Es war so, sie spürte es, wenn er so schaurig sang.

Vielleicht war dies eine dunkle Zeit mit dunklen Geschäften, und es gab auch viele dunkle Gefühle.

Dann aber wieder tauten die abgearbeiteten Menschen auf, tranken etwas und erzählten viel. Vielleicht wurde gerade in dieser Zeit oft und überall gesungen. Als der Wohlstand einkehrte, ließen die dunklen Geschäfte nach – aber man sang auch nicht mehr.

Johann W. hob in dem kühlen Geviert unter der Wurstküche die heimlichen Fleischwaren auf. An der Decke hing lediglich eine schwache Glühbirne, er arbeitete im feuchten Kalten. Im Krieg hatte er viel Nahrhaftes in gerade diesem Keller für die Familie versteckt. Wenn er jetzt in diesem seinem Loch da unten zu singen begann, klang seine Stimme von den kalten Betonwänden zurück wie aus weiten, entfernten Hallen. Besonders das

»Wolgalied«, das er aus Russland mitgebracht hatte, wie Laura dachte, oder das ihn an Russland erinnerte.

Dieses traurige Lied faszinierte sie, es hatte Magisches und Unheimliches.

Es klang nach weitem Land und großer Einsamkeit; war ihm Russland so erschienen?

Es war todernst. Er sang es immer wieder.

Sie wusste genau, wie es ging, hatte sich die Worte aufgeschrieben. Fuhr sie jetzt mit dem Rad durch den alten Park, sang auch sie das »Wolgalied«, ernst, schaurig, ihm nach. Zum Schluss kam: »Du hast im Himmel viel Englein bei dir, schick doch eines davon zu mir«. Wenn der Vater das Letzte sang, erschrak Laura. Es fühlte sich so an, als ob der Vater unter seiner unheimlich russischen Stimme weinte. Fast genauso, wie wenn er einen Ausbruch hatte und brüllte, das hörte sich auch so an, als ob er darunter weine.

Im Keller das »Wolgalied«. Unter seiner tiefen, ernsten Stimme war das Leben ehrwürdig. Sein Singen war ergreifend. Und das Schaurige sogar viel schöner als alles, was ihm leichter über die Lippen ging.

Warum war gerade das so schön?

In des Vaters Höhlen roch es nach seinem Eigensinn, Laura liebte diesen Geruch. Des Vaters Eigensinn war ihr so vertraut, wie Mutters Vernunft ihr fremd war. Und immer, wenn sie beisammen waren, ohne zu sprechen, hatte der Vater etwas, das Laura leise entgegenkam.

So wie nicht redende, warme Sonnenstrahlen.

Die Schwester und die anderen Kinder

Lauras jüngere Schwester hieß Hella. Sie war selten im Hof zu sehen, suchte auch nicht die Nähe des Vaters. Hella hielt sich lieber in der Nähe der Mutter oder bei einem bäuerlichen Onkel und dessen Frau auf; sie ging täglich aus dem Haus in die bäuerliche Wirtschaft und auf die Felder des Onkels.

Es waren recht robuste Feldfrauen, mit denen sie verkehrte. Oder besser: denen sie nachlief. Als sie in die Schule kam, verbot ihr Wilhelmine, weiterhin aufs Feld zu gehen, da das Kind kein richtiges Deutsch lerne, wie die Volksschullehrerin mitgeteilt hatte. Und auch, dass Hella der Schulbetrieb ganz fremd bliebe. Hella teilte es prompt den Feldfrauen mit, sie dürfe nicht mehr zu ihnen kommen, die darauf ruppig riefen:

„Du solls nitt mehr bei uns kumme, du Sau!" Das war kaum zu übersetzen. Vielleicht versetzte es Hella in Schwierigkeiten, denn wenn nicht mehr aufs Feld, wohin dann?

Sie streunte wie ein kleines wildes Tier herum, oder hatte es schon jahrelang getan.

Die ruppigen, rauen Frauen waren ihr vertraut. Warum hatte sie diese gewählt?

Laura tobte weiter mit anderen Kindern durch die Trümmer der verwahrlosten Stadt und den alten Park. Verwahrlost war mehr oder weniger alles, die Felder, die Straßen, die Häuser, die Menschen.

Es gab wenig zu essen. Wenn es wenig zu essen gibt, ist kaum die Rede von anderem.

Es drehte sich alles um das Notwendige. Das mögen beide Kinder beobachtet haben und sich am liebsten zuhause aus dem Staub gemacht. Sie hatten das Notwendige, hungerten nicht. Aber all das Aufbau-Gewühle, die tägliche Aufregung und Betriebsamkeit machte sie befangen, ein Leben, das mit ihrem nichts zu tun hatte. Seitdem die Eltern nach dem Krieg den Laden wieder eröffnet hatten, war kaum noch Zeit für Familie oder für eine Aufmerksamkeit gegenüber den Mädchen. Es gab kein Spielzeug und keine Märchenbücher. Ebenso wenig war Zeit für Belange der Schule, ganz zu schweigen von einer, auch nur der geringsten kulturellen Veranstaltung. Kochen und die Wäsche besorgte die Haushälterin, sie wechselte alle paar Jahre.

Eine aus Bornheim war besonders resolut; wenn sie geputzt hatte, durfte keiner der Familie mehr das Wohnzimmer betreten. Egal, ob inzwischen Besuch gekommen war – der musste dann mit dem »Zimmerchen« unten vorlieb nehmen.

Sie war den Kindern gegenüber ebenso robust wie die Feldfrauen. Sie übertraf diese jedoch weit noch an Vulgarität. Später empfand Laura dies alles als erschreckend, wenn sie sich solche Redensarten wiederholte.

Aber sie mochte jetzt die Marie aus Bornheim mit dem rollenden R und den dicken Armen gern, die sie schon oft getragen hatten. Dennoch: Was die Marie tatsächlich aus dem Fenster gerufen hatte! Wenn das Essen fertig war, die Kinder noch auf der Straße, rief die Bornheimerin ohne Bedenken:

„Kutt erenn, ihr Jedresse!" Auch das war kaum zu übersetzen.

Heute war wieder jemand zu Besuch gekommen, und wieder sah Laura nach, wo ihr Vater sei. Gerade hatte der Besucher im »Zimmerchen« neben dem Laden die übliche Frage gestellt, und die gewohnte Antwort der Mutter war auch schon heraus. Der Herr wollte nun in den Hof zu Johann, und Laura ging mit ihm. Der Vater würde natürlich nicht sprechen, aber jeder konnte zu ihm in den Hof gehen. Der Mann, der zu Besuch gekommen war, sagte laut:

„Hallo, Johann. Guten Tag. Wie geht es dir?"

„Gut", brummte eine Stimme unter dem Wagen.

Darin schwang mit: Lass mich in Ruhe, ich komme hier nicht raus.

Die komischen Kauze der Zeit

Es war dies eine Epoche, in der das Kauzige einer Person kaum auffiel.

Denn es gab das Gewöhnliche nicht mehr, oder noch nicht wieder. Was zu geschehen hatte, wurde ebenso provisorisch in

Angriff genommen, wie alle Art Philosophie über das Dasein in Bruchstücken provisorisch in den Köpfen wieder zurechtgemacht wurde. Fast alles – innerlich und äußerlich – ohne ordentliches Resultat.

Der Besucher entfernte sich rasch. Es war von Johann W. nichts weiter zu hören.

Da unterhielt sich der Mann doch lieber im „Zimmerchen" mit Wilhelmine. Besuch bekam bei ihr einen klaren Schnaps, wenn er diesen begehrte, es gab schon wieder Schnaps. Oder sogar ein Likörchen zum Kaffee. Wilhelmines bekannte Bols-Liköre waren bunt: Bols grün, orangefarben, gelb, eine Sorte sogar: blau. Letztere hieß »Bols Curaçao Blue« ...

Das fand Laura höchst spannend. Sie fragte sich jahrelang, wie dieser blaue, blitzeblaue Likör zustandegekommen war, ob man vielleicht sogar ein bisschen giftige Farbe dazu verwendet hatte. Und warum man den Likör »Curaçao Blue« nannte.

Wo überhaupt lag Curaçao, welches ausgesprochen wurde wie Kürassao?

In einem Anflug von kleinem Rausch sah Laura plötzlich auch den Buick vor sich, den der Vater vor dem Krieg gefahren hatte, sie kannte ihn von einem Foto. Das tolle teure Auto, das sie oben im Album immer wieder erspähte, ein elegantes Auto, Sie musste ja auch einmal als kleines Kind darin gesessen haben.

Und der Opa, der hatte sogar einen Horch, einen Sechssitzer, darin sah sie auf den Fotos ihren jungen Vater am Steuer sitzen, mit einer englischen Kappe auf dem Kopf. Rasant, ja, aber verlegen war er auch. Das war die Zeit, bevor er noch von ihr, Laura, wusste.

Papa trauerte diesen Wagen gewiss nach. Er sagte nichts darüber. Und erst recht nicht, dass er sich solche Wagen wohl nie mehr leisten könne. Er gestand auch niemandem, dass er heimlich von einem Mercedes träumte, wie ihn auch sein starker Freund und Fabrikant von gegenüber fuhr. Vielleicht hatte er schon angefangen, heimlich für einen solchen Mercedes zu sparen. Autos waren ihm nun einmal die Welt, die hatte er ganz für sich, und er war ein guter Autofahrer.

Die Fotos zeigten Bilder wie aus seiner anderen Welt, und Laura sah sie manchmal an, während Johann unter seinem Opel im Dunklen lag. In Laura taten sich die Bilder von dem Buick und dem Horch mit dem Bild des blauen Curaçao-Likörs zusammen. Gemeinsam passten diese Sachen alle nicht hierher.

Eben deshalb machten sie das Leben spannend. Aber auch unheimlich. Der Horch hatte gewiss auch früher nicht in dieses Viertel gepasst. Ebenso wenig, wie Wilhelmine mit ihren Seidenstrümpfen. Aber das waren wohl genau die Sachen, die Johann unbedingt haben wollte. Man sagte ihm nach, er sei als Kind so bockig und dickköpfig gewesen, dass man seinen kleinen Kopf früher in einen Eimer kalten Wassers im Hof gesteckt habe! Laura konnte sich zusammenreimen: Damit der Johann aufhöre, zu toben und zu schreien. Auch Letzteres verstand Laura gut; in ihr tobte es manchmal auch. Das mit dem Eimer war gar keine schlechte Idee. Und überhaupt – ohne das wäre der Johann eben nicht dieser ihr Vater gewesen.

Sie ahnte vorsichtig, dass ihre derzeitigen Bilder im Innern, die doch irgendwie gut zueinanderpassten, vielleicht sowohl mit Mamas spezieller Dickköpfigkeit, als auch seiner zu tun haben mussten. So verschieden sie auch waren; aber nicht wie die Leute sagen: Gegensätze ziehen sich an. Nein, überhaupt nicht so! Durch diese zwei, die vielleicht ungewöhnliche Wege gingen und ungewöhnliche Wünsche hegten, jeder für sich, diese zwei, die sich auf diesen Wegen gefunden hatten, war das Leben anders als in der Umgebung. Es war bei ihnen wie auf einem anderen Planeten.

Lag er aber wieder unter dem Auto, düster und ölverschmiert, konnte Wilhelmine das vielleicht nicht mit dem früheren eleganten Buick zusammenbringen. Oder gar dem Horch und diesem Johann mit der englischen Kappe. Vielleicht fing sie jetzt an, von einem sturen groben Handwerker und Autoreparateur zu denken, den sie geheiratet hatte. Das mochte wiederum Johann wohl spüren. Dann wurde er doppelt so bockig. Und vielleicht so, dass kein Wassereimer geholfen hätte. Es war Arbeit zu tun, er konnte vieles und sehr Verschiedenes erledigen, warum schätzte sie das nicht?

Einmal sagte er zu seiner Wilhelmine treuherzig: „In mir hast du einen guten Handwerker." Sie antwortete ihm nicht, sagte aber später zu Laura:

„Ich bin ja gar nicht gefragt worden, ob ich einen Handwerker haben wollte."

Und dabei strich sie sich mit der Hand an ihren Waden mit den Seidenstrümpfen entlang.

Zwei Welten in einem Elternpaar

Laura verstand das, und verstand es auch nicht. Sie fand Wilhelmines Waden schön und fein, auch die Strümpfe, ihre weiche Hand. Und den Papa unter dem Auto verstand sie auch, sogar, dass er keinen begrüßte. Wenn jemand etwas unter das Auto rief, war es ihm lästig. Er war stark, eben weil er nicht zurückrief, und auch nicht wegen eines Bekannten hervor kroch. Sicher hatte er dann diese fettigen schwarzen Hände, die sie nicht mochte ...

Es ist wohl schwer, zwei so verschiedene Menschen gleichzeitig zu lieben, besonders solche, aus denen man gemacht ist. So waren die Tage, und spannend war das alles, ebenso geheimnisvoll wie anstrengend für Laura. Und es regte sich etwas in ihr, das ihr Angst machte. Vielleicht, weil Laura ahnte, dass durch all die sich beißenden und doch zueinander gehörenden Eigenschaften ihrer Eltern ihr eigenes Leben vielleicht einmal ins Schwanken geraten könne oder gar aus seinen Bahnen geworfen würde.

Sie hatten beide viel zu sagen und Laura fast nichts; sie wollte überdies die oft Zerstrittenen gern zusammen halten. Sie sollten sich vertragen! Dann kam sie sich mit ihren Wünschen vor wie eine kleine Maus, die alles sieht, die aber keiner bemerkt. Da war nichts zu machen, der Krieg der Beiden setzte sich selbstständig fort, jeden Tag.

Die anderen Leute im Viertel hatten eher gleichförmige Ehen, Ideen. Vielleicht hatten diese auch nie überschüssiges Geld gehabt, oder jedenfalls weniger. Die meisten hatten kein Auto, hatten kein Haus. Es konnte auch sein, dass das alles nicht der Grund war. Was das Leben mit dem Geld zu tun hatte, konnte Laura nicht einsehen. Sie wusste aber aus Wilhelmines Erzählungen, dass Papas Familie einmal »gut betucht« gewesen war, wie sie das nannte.

Sie merkte, dass Wilhelmine dieses imponiert hatte. Ja, aber auch erschreckt. Denn manchmal rief sie: „Diese Protzen!“ Und sie gab zu verstehen, dass die Protzen gar keine Bildung hätten. Dennoch waren sie alle mit gutem Geschmack angezogen gewesen, fiel Laura auf den alten Fotos auf. Alles war widersprüchlich; Laura merkte, dass sie manchmal gar nicht mehr weiterdenken konnte ...

Wilhelmine, so wusste sie, war früher bitterarm und arbeitslos in die Stadt gekommen, aber im Besitz einiger Schneider-Kostüme, Complets, fescher Hüte, und feiner Schuhe »wie aus besserer Zeit«. Außerdem sprach sie ein ausgezeichnetes Deutsch, wie kein Mensch im ganzen Viertel. Laura musste über die Jugend und die Wünsche ihrer Mutter nachdenken und das sonderbare Schicksal, das sie hierher verschlagen hatte.

Sie war mit vierzehn Jahren schon eine Waise gewesen, ihr Vater im Krieg gefallen, als sie vier war, und ihre Mutter gestorben, als Wilhelmine vierzehn und noch in der Volksschule war. Ein Mädchen hatte gerufen: „Du sollst gleich nach Hause kommen, deine Mutter ist gestorben!“

Das klang in Laura noch schlimmer nach als das schaurige Singen ihres Vaters im Keller unter der Wurstküche.

Johann wusste nicht, dass seine Frau dem jungen Mädchen all ihre Geschichten erzählte, so als wolle sie sie für sich einnehmen. Laura dachte so oft über ihrer Mutter grausam unverstehbares Schicksal nach.

Und Johann W. hatte sie wohl so gesehen, wie eine Erscheinung von einem anderen Stern. Diese zarte Gestalt, so einsam, ihre hübschen Locken, dabei den forschen Gang.

Johann geriet dabei ins Hintertreffen bei seiner Tochter, er hatte solch Interessantes nicht zu bieten, er war – wie in ihren Augen – eine eher einfache Natur. Wilhelmine, die nebenan im Haus bei der Tante – wegen ihrer Arbeitslosigkeit – in der Gastwirtschaft damals ausschenken half, Lauras charmante Mutter, die die Gäste hervorragend zu unterhalten verstand, gewitzt, lächelnd mit den blitzenden Zähnen. Wilhelmine, die so beweglich war in ihrer schlanken Figur, wurde von der Tochter angebetet und auf den alten Fotos bewundert, wie auch ihre fernen Verwandten, die ausgewandert waren oder inzwischen verstorben. Letzteres, das Unterhalten der Menschen, musste Wilhelmine großen Spaß gemacht haben. Sie begeisterte jedes Publikum, egal wo. Sie war die Frau Königin. Sprach auch wieder und wieder elegisch über diese verschwundenen Verwandten, zu allen Bekannten, über die, die ins ferne Amerika ausgewandert waren, schon 1910!

Und sie zeigte das Foto von den forschen Weibern auf dem Schiff nach den USA, die auf der Reling saßen und ihre Beine zeigten. Schöne Schuhe hatten sie an. Und Wilhelmine erzählte noch dazu, sie habe als Mädchen zu Ihrer Mutter gesagt, sie wolle auch diese Shimmy-Schuhe haben! Mit denen man damals Charleston tanzte ...

In ihrer Umgebung tanzte niemand Charleston, und Johann hielt gar nichts von Auswanderungen, er wollte die Heimat nie verlassen und fühlte sich draußen nicht wohl. Aber all die rasanten Legenden von Wilhelmine imponierten auch ihm, so als hätte eine glanzvolle Frau unverständliche Geschichten in einer Dorfwirtschaft erzählt ... Laura wusste nie in ihrem späteren Leben, ob sie das Auswandern oder die Heimat mehr liebte. Sie ging einmal dem einen, einmal dem andern nach. Am Ende des Lebens, wenn sie wieder durch die alten Straßen des dörflichen Viertels streifte, war sie froh, dass sie nicht hatte auswandern müssen.

Dass ihr die Heimat – wie sie auch sei – ihr immer noch Besuche offen hielt.

Nervus rerum, sagt die Mutter

Manchmal sagte Wilhelmine etwas Lateinisches oder Französisches, obwohl sie die Sprachen nicht gelernt hatte. Gerade deshalb ließ sie sich die Fremdworte auf der Zunge zergehen. Und vielleicht wartete sie darauf, dass Laura sie frage, was das denn bedeute. Letzteres nun erklärte sie ihr, dass nämlich das Geld auf der Welt alle Dinge bewege, oder in Gang hielte. Laura hörte es an. Wenn es lateinisch so hieß, musste es ja stimmen.

Es war ihr noch nicht klar, dass sie selber alles andere mehr bewegen würde auf der Welt als das Geld.

Aber man sollte wohl darüber nachdenken, fast alle dachten darüber nach. Das taten sie wieder und wieder. In Laura keimte die Idee, dass Menschen wenig Übersicht über das Leben bekommen, wenn sie immer nur arm, oder immer nur reich sind.

Denn irgendwie gehörte man ja wohl zur »Sorte« der Armen oder der Reichen.

In der Vorstadt »kloppten« sie gern einen Spruch im Dialekt: Häste jett, biste jett. Wenn du etwas hast, bist du auch etwas. Gerade dieser Spruch ärgerte sie. Sie wusste noch nicht, dass ein Buch von Erich Fromm einmal »Haben und Sein« heißen würde, der die Sache auch ganz anders sähe.

Der Spruch empörte sie, erschien ihr blöde. So, wie die, die ihn äußerten. Sie sagten auch noch etwas Ähnliches: „Wat nix koss, is nix.“ Was nichts kostet, ist nichts.

Laura dachte: Quatsch! Und: Wer bestimmt, was etwas kostet, oder woher nimmt der jeweils sein Wissen? Ein jüdischer Freund aus der Stadt erklärte ihr später einmal:

„Ne Sache is dat wert, wat dir ne Jeck dafür jitt!" Eine Sache ist das wert, was ein Narr dir dafür gibt. Das war schon eher einleuchtend. Dann gab es aber auch noch einen amerikanischen Spruch: »The wise knows the price«, hatte Laura von andrem Freund gehört, und gleich gewusst: Sie würde nie zu diesen Weisen gehören ...

Wieder dachte sie an die »Sorten«, die Armen und die Reichen. Dass einem immer etwas zum Ganzen fehlt, wenn man nur die eine Sorte kennt.

Diese »Sorten«, die auch schlimm übereinander denken, reden! Das hatte sie schon gemerkt.

Zu beiden Sorten wollte Laura nicht gehören.

Sie wusste nicht, was Johann W. darüber dachte. Aber sie merkte, dass er vorankommen wollte.

Wieder kehrten ihre Gedanken zum Zimmerchen neben dem Laden zurück: Also dieser Curaçao und der frühere Buick – hatte das mit Papa und Mama zu tun?

Manche Leute im Viertel munkelten, dass Herr und Frau W. nicht zusammenpassten.

Aber was wussten die Leute schon? Laura konnte sich überhaupt nicht vorstellen, was das denn sei, wenn Mann und Frau »zusammenpassten«. Hätten die dann so etwas wie »ewigen Frieden«? Das gab es doch sicher nicht.

Fremd und fremd kann zusammenleben

Was Laura spürte, war, dass sie eben wunderlich »zueinanderpassten«.

So etwas berührt die Leute gemeinhin nicht, sie nehmen es nicht wahr.

Johann hatte Wilhelmine so unbedingt begehrt, wie sie den Curaçao, die Seidenstrümpfe und die anderen Bols-Liköre. Oder wie sie elegante Kleider, Schuhe und glänzende Modezeitschriften im Zimmerchen begehrte. Also – wie gesagt – Utensilien, welche nicht hierher passten, ebenso wenig wie dieses »Readers Digest« aus Amerika.

Er begehrte sie zu lieben, das gelang selten. Begehrte auch, mit seinem starken Freund P. auf die Jagd zu gehen, eine schöne Limousine zu fahren und überall feine Fotos mit seiner Voigtländer bei den Ausflügen zu machen. Den Kindern wollte er gefallen und ihnen Freude bringen, sie die besten Sachen lehren: die Natur, die Heimat, ein redliches Leben – und Gedichte, Gesang.

Sie begehrte zu glänzen und ebenso: voranzukommen.

Sie trauerte jedoch anhaltend ihrem Wunsch nach, lieber Schauspielerin geworden zu sein.

Im Metzgerladen auf der anderen Straßenseite, dem größeren und sogar eher elegant ausgestatteten, gab es all so etwas sicher nicht. Keinen Curaçao Blue und keinen Metzger, der unter dem Auto lag. Man hörte von dort nie etwas. Die Kunden gingen ein und aus, wie auch bei den W.'s.

Später allerdings erfuhr Laura, dass die schöne Inhaberin des anderen Geschäftes, die oft seltsam abwesend über die Straße ging und einen Sohn hatte, der ebenso schön war wie sie, zur Trinkerin geworden war.

„Das passt aber auch nicht zu einer Metzgerei“, dachte Laura.

Sie betrachtete gern diese Fläschchen im Zimmer neben dem Laden. Für sie waren die Liköre wie Duft der weiten, unbekannten, unruhigen Welt. Sie standen abends wieder brav in der Vitrine. Laura konnte sich nicht vorstellen, dass eine der Mütter ihrer Spielkameradinnen nachmittags ein Fläschchen »Curaçao Blue« auf dem Tisch hätte. Sie war sehr stolz auf diese ganz andere, unglaublich anders häusliche Welt, in der offenbar nichts zusammenpasste; da war sogar etwas Verruchtes, was man sonst nur in Filmen sah ...

Das machte es natürlich so spannend, dass Laura immer mehr davon wissen wollte. Was es aber war, das Verruchte, wusste sie nicht.

Das Verschiedene – was sie so nervös macht

Was die Menschen umtrieb, sie so nervös machte, ausgelassen und lustig auch, daneben wütend und gefährlich, was war das bloß?

Warum sie ehrlich waren und logen, was davon zu welcher Zeit? Vielleicht war sie, Laura, selber eine, die zu ihrer Umgebung nicht passte, wie ihre geliebte sonderbare Mutter. Musste sie sich darum auch verstellen, damit es nicht so auffiel? Oder schweigen, wie der Vater? Die Umgebung in diesem einfachen Viertel wunderte sich stets insgeheim, sie beobachtete die Familie W. bei Tag und bei Nacht.

Eine Dame mit Dauerwellen flüsterte beim Friseur:

„Frau W. wurde im Park gesehen. Sie hat da einen getroffen ...“

Alle hatten alles gesehen, nur Johann W. wusste nichts davon.

Wilhelmine galt als charmante Frau, die sich blendend zu unterhalten verstand, witzig, fremd und belesen, sie wurde darum beargwöhnt. Eine Sonderbare, die aus ferner Stadt hergekommen war. Warum, wusste keiner. Zart von Gestalt, eine, die schöne Beine hatte und helle Zähne. Eine, die sich die Fingernägel lackierte und sich täglich fein schminkte. Dame. Eine solche, die großen Wert auf Seidenstrümpfe und elegante Schuhe legte. Mit feschem Auftreten, die ein scharf artikuliertes, reines Hochdeutsch sprach, das war ihre stärkste Waffe. Sie glänzte durch ihre Frechheit, ihren Charme, ihre Koketterie, war immer wie aus einem Film, fremdartig, hübsch, zu vornehm. Unheimlich beweglich, elegant und anmutig, eitel. Sie fiel aus dem Rahmen.

Aber ihr ebenso gut aussehender Gatte passte zu ihr!

Und das alles passte zu »Curaçao Blue«, dachte Laura.

In eine Vorstadt-Metzgerei passte es nicht.

Wilhelmine kümmerte es nicht, wie sie draußen Häme hervorrief. Sie rauchte mit feiner, geschwungener Hand im Zimmerchen ihre Zigarette. Sie lächelte ihr Gegenüber verführerisch an, wenn sie so ein Gegenüber wieder einmal in ihre Nähe gezogen hatte. Oder sie lächelte Johann an, der stolz auf seine zerbrechliche Elegante war, obwohl sie ihm manchmal als körperlich zu schwach erschien. Außerdem war sie eine ordentliche, tüchtige Geschäftsfrau! Das Geschäft gedieh, sie war also anständig und angesehen, tat ihre Pflicht. So war sie eben auch.

Laura liebte diese glänzende Fremde über alles, die ihre Mutter war. Sie. In die ihr Vater sich verrannt hatte.

Wenn Wilhelmine Briefe schrieb, gewiss auch neben den Briefen, die sie später Laura ins Internat sandte, befand sich garantiert eines der kleinen Fläschchen Bols und das Kristall-Likörglas auf dem Tisch neben Füller und Briefpapier, natürlich auch der Marmor-Aschenbecher mit einer Messing-Elefantenfigur, die ständig den Rüssel hob.

Zigaretten verschied'ner Sorten. »Simon Arzt«, »Mercedes« oder auch stärkere Marken, befanden sich immer im Haus.

Ging bald darauf die Ladenklingel, wurde das Fleisch verkauft. Die Atmosphäre im »Zimmerchen« und im Laden waren äußerst verschieden.

Auch Laura blätterte gern in den glänzenden Magazinen ihrer Mutter. Sie fand zu ihrer Freude darin Fotos berühmter Tänzerinnen, wie der Russin Anna Pawlowa, mit flügelartig nach hinten erhobenen, gespreizten Händen, als »Sterbender Schwan,. Das riss sie sofort heraus und klebte es wieder in ihrem Zimmer an die Wand, zum Entsetzen von Wilhelmine, über die dekorative Tapete. Wilhelmine sagte nichts, denn Laura war so bockig wie ihr Vater.

Wilhelmine erkannte darin, in der Liebe zum Tanz, nicht etwa auch einen Teil von sich, sie nannte das Kind »eine Spinnerin«.

Ja, so war all das nicht Zusammengehörige, das sich jeden Tag erneut zusammentat.

Laura war gegenüber all dem wachsam, gespannt, neugierig. Hella nicht. Hella war alles das lästig. Sie kehrte dem Zuhause den Rücken und ging weiterhin aufs Feld, dort, wo sie einfach mit den Arbeitsfrauen Platt sprach. Sie fand auch den derben Knecht, der später die Tochter ihrer Tante heiratete, aufregend, hielt sich gern an ihn. Vielleicht fand sie ihn liebenswert, was ihr nicht gut tun sollte. Hella begab sich also nach draußen, »aufs Land«. Sie entfloh der Unruhe daheim. Und da sie so eine robuste war, erzählte Wilhelmine diesem Kind nichts von sich, dagegen Laura alles.

Der Wind aus den USA

Manchmal bekam Wilhelmine Briefe aus Amerika, von ihrer alten Verwandtschaft in Westfalen und deren Nachkommen. Sie waren 1910 ausgewandert. Es kamen diese Briefe, Luftpostbriefe, geheimnisvoll und in Englisch! Aus Johanns Familie hätte so etwas nicht kommen können. Anscheinend gab es in dieser Familie keine Abenteurer. Es war etwas Ungewöhnliches in dieser Zeit; Laura fasste die Briefe vorsichtig an, das feine Papier, bewunderte die blau-rot-gerandeten Umschläge. Diese Tante aus den USA schickte ihrer Mutter dazu auch jeden Monat die gewohnte Broschüre *Readers Digest*.

Laura, die bald in der höheren Schule – wohin sie als erster Spross der Familie gehen sollte, außer einer Cousine, die Apothekerin geworden war – Englisch zu lesen gelernt hatte, fand darin amerikanische Kurzgeschichten und Aphorismen, alles auf Deutsch übersetzt, sie las es gerne, so wie auch die englischen Briefe der Tante, welche sie der Mutter übersetzte. Es war so eine Art anderer Sprache, oder Botschaften aus einem anderen Leben jenseits des Ozeans. Als sie viel später diese Tante aus den USA kennenlernte, war auch diese wie »ein anderer Teil der Verwandtschaft«, nämlich der legendären, auf die sie immer neugierig gewesen war. Und sofort sollte Laura mit dieser einen Verwandten einen bestimmten inneren Zusammenhang erkennen.

Später sandte die Tante ihr, Laura, Kunstzeitschriften.

Als sie dann endlich nach vierzig Jahren und langer Korrespondenz diese nun alte, sehr gebildete Tante in New Jersey besuchte, nachdem diese jahrzehntelang in der UNI in Princeton gearbeitet hatte, sollte sie feststellen, dass die Person aus der mütterlichen Familie ihr schon lebzeitlang vertraut gewesen war, nicht zuletzt durch ihre geistreichen und humorvollen Briefe. Eine echte Verwandte im Geistigen, in der Unverfrorenheit, im Temperament. Dass deren Philosophie zu ihrer passte und dass das alles ihr bleiben sollte, konnte Johann W. nicht ahnen. Das war eine Seite seiner Tochter, die er nicht kannte.

So spät erst war sie zu ihr gereist, und hatte dann nur zwei Tage Zeit gehabt. Das verursachte in Laura eine solche Aufregung, dass sie, als sie wieder abreisen musste, meinte, das Herz würde ihr brechen. Sie bekam förmlich keine Luft mehr. Dachte sogar, sie würde den Verstand verlieren. Zitternd vor Aufregung bestieg sie den Bus und fuhr zurück nach New York ins Hotel, in dem sie mit einigen UNI-Mitgliedern übernachtete. Die Tante sollte kurz darauf sterben.

Jetzt, in der Öde nach dem Krieg, dachte Laura: Niemand im Viertel bekommt solche Post. Wer hat schon Verwandte in Amerika? Johann W. sagte zu all den Vorkommen nichts. Laura erwägte: Der Krieg ist aus. Man könnte hinüber; aber niemand heute könnte eine Schiffspassage bezahlen.

Sie las weiter in Readers Digest, war stolz auf die Mutter mit solchen Verwandten. Manchmal besprachen sie gemeinsam die Aphorismen und Geschichten, obwohl Laura doch noch gar nichts vom Leben kannte. Vieles hört sich klug, ja und auch sachlich an, dachte sie.

Hella beachtete all das nicht, wie der Vater. Sie sah weder in das Readers Digest, noch in die glänzenden Modeschriften, interessierte sich auch nicht für Johann W.'s Gesang und das Radio. Sie pflegte ihre Kakteen, die in ihrem Zimmer auf einem kleinen Tisch mit roter Abdeckung standen.

Geselligkeit

Bekannte und Verwandte kamen gern zu W.'s. Diese waren im Umgang gastlich, großzügig, zeigten gewöhnlich gute Laune. Man nannte Lauras Eltern im Viertel »die Familie Wuppdich«, und ihr Haus »Das Café W.«, obwohl es gar kein Café war. Wilhelmine W. nannte sich selbst eine »Kaffeetante«; sie liebte Kaffee und brauchte ihn jeden Tag ganz nötig. Jeder wusste: Sie ist lebhaft, ihr Mann still und angenehm. Sie hat viel vor, er macht alles mit. Wenn Freunde des Nachts aus der Gastwirtschaft nebenan noch mit ins Haus kamen, wurden Rumpsteaks gebraten und manche Flasche Wein aus dem Keller geholt. Der Schlaf kam zu kurz. So etwas hatte man in seiner Familie nicht gekannt, sie waren alle überaus arbeitsam. Es war auch zu beobachten, dass einige der »Freunde« die Gastlichkeit der W.'s ausnutzten ...

Die Kinder oben in ihren Zimmern hörten das späte Gebruzzel in der Küche, das Lachen der Freunde ihrer Eltern. Sie dachten dann nach, wie spät es wohl wieder sei, die Eltern mussten doch um sieben aufstehen. Die beiden Mädchen waren böse darüber, denn ihre Eltern hatten für die Freunde in der Woche mehr Zeit als für sie.

Wenn es sehr spät geworden war, sprachen ihre Eltern von »ausgerutscht«,

„Wir sind heut Nacht wieder ausgerutscht ..."

Sympathische Nachbarn

Die W.'s galten also bei einigen Leuten als ein sympathisches, gern gesehenes Paar.

Abgesehen von den hämischen Beobachtern, welche die W.'s vorwiegend als Außenseiter betrachteten und auch bei ihnen nicht eingeladen waren. Lauras Eltern hatten beide zu feine Gesichter für das Viertel, das fiel Laura schon früh auf. Auch eigentlich Gesichter, wie man sie sich in einer Metzgerei nicht vorstellt. Er sah aus wie ein Professor und sie wie eine Buchhändlerin. Lebenslustig präsentierten sie sich, zogen sich gut an und genossen die Sympathie, die man ihnen entgegenbrachte.

Die Gastwirtschaft bot allabendlich Abwechslung.

Hatte nicht Wilhelmine in den Schreckensjahren grinsend geäußert:

„Lasst uns den Krieg genießen, der Frieden wird grausam sein!"

Das hatte sie natürlich in einem ihrer Bücher gelesen. Die Bekannten in der Gastwirtschaft fanden ihre Sätze manchmal höchst erstaunlich.

Kurz vor dem Krieg hatte sie einige Menschen aus dem Nachbarviertel, welche Kommunisten waren, in Schutz genommen und gerufen: „Die haben auch Ideale!" Worauf der »Ortsgruppenleiter« sie ansprach: „Frau W., nehmen Sie sich in Acht, sie haben Kinder!" Als Laura davon hörte, wunderte sie sich; man durfte damals nicht einmal von Kommunisten sagen, die hätten Ideale? Das war also so gefährlich, wie wenn man in der Katholischen Kirche sonntags nicht zur Messe ging, also auch lebensgefährlich. Was stellten die Menschen bloß für Gesetze auf, das wäre Tieren im Traum nicht eingefallen.

Dann hörte sie noch etwas, das dazu passte. Als das ganze Haus dem Erdboden gleich, völlig von einer Bombe zertrümmert worden war, nur der Zugang zum Keller noch frei, hatte Wilhelmine W. dort aus dem Keller die Hitlerfahne geholt, die ja jeder aufzubewahren hatte – für Festtage und dergleichen. Sie nahm die große Fahne und breitete sie über die Trümmer. Ihr eigner Vater war schon in dem Weltkrieg zuvor gefallen, als sie vier Jahre alt gewesen war. Was ihr die ganze Jugend verdorben hatte; sie war fortan ein armes »Kriegerwitwenkind«. Sie sagte jetzt heimlich zu ihren Bekannten: „Ich bin eine glühende Pazifistin!“ Einmal sagte sie es auch laut in der Gastwirtschaft.

Wieder kam der »Ortsgruppenleiter« angelaufen, besah sich das Fahnengebilde auf den Trümmern. Er war teils wütend, teils unsicher. „Frau W., was haben Sie da nun wieder gemacht!?“ Sie sah ihn eisesruhig an und antwortete: „Das sehen Sie doch, ich verehre den Führer.“

Dagegen konnte der Mann nichts machen.

Wenn Johann W. so etwas mitbekam, hatte er Angst vor Strafe, ja vor dem KZ. Er spürte den Druck und die Angst überall, nicht nur auf dem Kriegsfeld. Sie hatte Civilcourage, und sie war schlau. Schlau genug, ihre Wut zu verbergen und gute Miene zur Katastrophe zu machen. Ob er sie deswegen bewunderte? Er verkroch sich lieber in seine Verstecke, wenn es brenzlig wurde.

Ihrer Tragödie mit dem Haus und der Kriegszeit, den Evakuierungen und Entbehrungen: dem widersprach jetzt ihr Lebenslustiges, das sie an den Tag legten. Oder folgt immer das eine dem anderen, wie bei den Begräbnissen der Schwarzen? Vielleicht wurden sie insgeheim von manchem Beobachter für verrückt erklärt, oder für leichtsinnig gehalten.

Von Zwistigkeiten des Ehepaares nahm niemand etwas wahr. Hatten sie überhaupt Zwistigkeiten? So ging es viele Jahre in ihrem neu erbauten Haus, dem alten Eckhaus zu, an dem zwei Straßen aufeinanderstießen und sich trennten.

Irgendwie war die Familie jedoch zerrissen, Hella war nicht im Haus, war zu Tante und Onkel, Laura in der wilden verwahrlosten Umgebung, den Gärten, den Trümmern. Zum Essen allein traf man sich. Johanns große Kinderliebe verband leise einiges, hielt es zusammen, ohne dass es offenkundig wurde.

Johann W.'s Blick auf Kinder

Waren andere Kinder aus dem Viertel zu Besuch, rief Laura ihnen zu: „Kommt mit in den Hof!" Die Kinder wollten dann sofort wissen: „Können wir schaukeln?"

Keines von ihnen hatte zu Hause eine Schaukel. Wenn sie das getan hatten, blieben sie noch ein paar Stunden, hockten manchmal mit Laura leise seitlich am Auto, unter dem Johann W. lag. Das Küchenmädchen hatte ihnen Leberwurstbrote gemacht. Jetzt steckten sie ihre Köpfe unter den Rahmen der Karosserie. Sie wollten dem Mann zusehen, der seine Knie nicht hochstellen konnte. Das Auto ging tief herunter auf ihn und er hatte seine Taschenlampe angemacht. Damit beleuchtete er den Boden des Wagens.

Was der Herr W. tat, musste wichtig sein, sonst wäre er ja nicht da hingekrochen.

Johann wusste, was die Kinder dachten. Er tat aber so, als hätte er sie nicht bemerkt.

Dann, wieder aufgestanden und neben seinem Wagen, sah er sie an. Er betrachtete Kinder gern, immer ohne jeden Hang, sie zu maßregeln.

„Ahhhh ?", sagte er nur und lächelte.

Seine Augen wurden dabei noch heller, als sie ohnehin waren. Die Kleinen blickten zurück. Es war schön bei den W.'s, besonders wegen Herrn W.'s freundlichen bunten Augen. „»Türkis« wird die Farbe genannt," sagte eines der Kinder. Sie konnten sich manchmal streiten, ob diese Augen mehr blau oder mehr grün waren. Die meisten dachten: Mehr blau. Johann W.'s Augen waren für die Kinder wie Glasmurmeln, woanders gab es so bunte Augen nicht. Und überhaupt auch nur selten solche freundlichen großen Männer mit hellen Augen; sie wussten, dass Herr W. geduldig war. Ihm ging es umgekehrt mit den Kindern ebenso. Es erholte ihn, dass er auch ihnen in die Augen sehen konnte. Erholte ihn wovon?

In Kinderaugen, wusste er, war die Welt klar und vielversprechend, es war kein Trug darin. Die Welt, die er hatte verlassen müssen. Mit Kindern konnte nichts passieren. Johann W. schätzte sie, um nicht zu sagen, dass er Hochachtung vor ihnen hatte.

Waren sie in seinem Haus herumgetobt, und war das Bett dabei zusammengekracht, reparierte er das alles stillschweigend. Er tat es wieder und wieder. Der Bettrahmen hatte schon zahlreiche Holzlätzchen aufzuweisen, Spuren, wie er sie wieder zusammengenagelt hatte.

Keiner verbot der rasenden Schar, die Treppe hinauf zu hetzten, in das Kinderzimmer zu laufen, auf die Kommode zu klettern, auf den Kleiderschrank, und dann in hohem Bogen vom Kleiderschrank mit lautem Geschrei hinunter ins Bett zu springen. Und krach, war es wieder einmal zusammengebrochen.

Laura wusste genau: So etwas gibt es nicht! Bei keinem ihrer Kameraden. Sie fand ihren Vater in seiner Geduld groß, fast heilig. So einer würde sich nirgends sonst zeigen, so einen gab es einfach nicht noch einmal. Und mit seinen schönen Augen, so leise, ruhig und ohne jemals ein schimpfendes Wort. Wie er leuchtete, wenn er Kinder sah. Der war kein König, kein Herrscher, er war manchmal wie der liebe Gott.

Natürlich liebten die Kinder des Viertels dieses Haus, auch alle die inneren Räume, das Kinderzimmer, das Waschzimmer mit der großen Badewanne, in der immer Wasser war, und wenn man Mut hatte, in dies kalte Wasser hineinzusteigen, konnte man auch das tun. Meistens begegneten sie dort nur Laura. Man konnte in der Waschküche auch einfach den Wasserhahn aufdrehen und trinken, so viel man wollte. Dabei natürlich viel Wasser verspritzen. Auch wenn wieder reichlich Wasser über dem Boden glänzte, schalt sie keiner.

Wilhelmine ging es manchmal zu weit, und Johanns geduldige Haltung brachte sie auf Hundert. Dennoch musste sie lachen über die Rasselbande in ihrem Flur und in den Zimmern.

Stolz rief sie manchmal vor Besuchern, die ihre kräftigen Kinder lobten:

„Ich habe meine Kinder in Freiheit dressiert!“

Laura fand das komisch. Was sollte es nur bedeuten? Das war so einer der Sätze aus ihrer Mutter, sehr ausgesucht. Mit dem Papa hatte das gar nichts zu tun. Sie hatte irgendwie ausgelassen, dass das Ganze sie doch nicht wenig störte, also dass er fremden Kindern im Haus so große Freiheiten erlaubte. Laura schien er etwas übertrieben, der Satz, obwohl sie ihn nicht verstand. Nicht sie, Wilhelmine, hatte all die Freiheit zugelassen, eher hatte Johanns Schweigen das möglich gemacht. Und er war es ja auch, der die folgenden Reparaturen auf sich nahm.

Laura kam hierbei der tolle Satz ihrer Mutter ein bisschen unnatürlich vor, obwohl er ihr auch imponierte. Vielleicht war das wieder nur, weil ihre Mutter so viel gebildeter war. Also gebildeter und vornehmer als der Papa und sie; er und sie waren eher bäurisch. Das betonte die Mutter ja auch oft. Wie die Sache mit dem Hochdeutsch und dem Theater und dem Lesen. Laura bemerkte sehr verschämt, dass sie den Satz nicht verstand. Also wieso Freiheit, und dann dressiert? Dressiert sagte man bei Hunden. Dann hat es mit Freiheit nichts zu tun, dressierte Hunde sind wie geknebelte Tiere, dachte sie. Aber es half nichts, sie kam nicht dahinter.

Vielleicht wieder ein Satz, den ihre Mutter in einem Buch gelesen hatte.

Seiner Frau antwortete Johann W. aufgebracht, wenn sie ihn nun doch manchmal auf Unarten fremder Kinder oder der eigenen aufmerksam machte:

„Kinder muss man gewähren lassen!“

Nach so einer Unterredung äußerte Wilhelmine gern gegenüber seinen Schwestern:

„Johann drückt sich vor der Erziehung! Nie sagt er den Kindern was! Typisch. Männer sind ja so bequem! Und er macht sich nicht unbeliebt.“

Laura ahnte: In seiner Rede vom Gewährenlassen wollte der Vater erstens der Ehefrau erklären, was er über Kinder dachte und es deshalb gesagt hatte. Wenn er auch wusste, dass sie es nicht verstand. Zweitens sollte es ihr bedeuten, und das war ziemlich versteckt darin, dass sie auch ihn gewähren lassen sollte.

Er ahnte, dass sie das erst recht nicht verstand.

Erklären, hatte Johann W. früh begriffen, war meistens zwecklos.

Darum tat er häufig so, als habe er eine Sache nicht bemerkt. So brauchte er nichts dazu zu sagen. Manchmal musste das aber unbedingt sein, eine Meinung zu sagen, fand Wilhelmine. Er hatte einmal leise dazu geäußert:

„Jecke meine." Was so viel hieß, wie: Verrückte meinen etwas (sie wissen es eben nicht.)

Laura dachte lange darüber nach, sogar jahrelang. Das ahnte Johann W. gewiss nicht. Dieses hatte sie nämlich nie verstanden, er hatte es auch einmal ihr gegenüber gerufen, als sie begann mit: „Ich meine ..."

Jecken meinen? Hieß das: Alle, die »meinen« – wissen etwas nicht sicher? Plappern wie Verrückte?

Gewähren lassen

Sein Vorsatz und seine Haltung, nicht zu maßregeln, brachte ihm viele Schwierigkeiten. Wenn er den Kindern einmal am Ende doch etwas verbieten musste, wurden seine unfreiwilligen Befehle entweder zu harsch oder zu wenig deutlich ausgesprochen. Es blieb ihm fremd; der helle zurückhaltende Blick aus den langen Augen machte ohnehin jedem klar, dass der Mann zu Befehlen nicht geboren war.

Weder sie zu erteilen, noch ihnen zu folgen. Dass er dazu nicht taugte, lag insgeheim daran, dass er selber jede Art von Gehorchen über alle Maßen hasste.

Darum war ihm vielleicht auch die Furcht, ein Soldat werden zu müssen, mehr als vielen anderen ins Gemüt geschreckt. Und er wusste, was es bedeutete, bevor es ihm widerfuhr. Johann W. gehörte aber auch von Grund auf zu den Leuten, die abwarten können. Sein klares ruhiges Zuschauen gab Aufschluss darüber, dass Herr W. alles sah, auch wenn er selten etwas kommentierte, geschweige denn beurteilte.

Mitteilungen erachtete er, wie schon sein Vater, als reine Entscheidungssache.

Etwas zu wörtlich äußern war in seiner Familie nie selbstverständlich gewesen.

Man konnte ruhig alles im Auge haben, musste aber noch lange nichts dazu sagen.

Das enthob den Mann vor allem der Enge, lügen zu müssen.

Eine Schwester des Vaters hatte einmal zu Laura gesagt, als diese sich beklagte, man müsse so häufig diplomatisch sein, und die Künstler müssten es zu ihrer größten Scham:

„Du musst nicht lügen. Du kannst ja nichts sagen."

Aber in dieser Familie wusste man nicht, wie viel durch Überreden zu erreichen ist – oder sie wollten es nicht wissen.

Das war eine Gewohnheit in dieser Familie, die gewiss einen Teil ihrer Würde ausmachte. Statt wie alltäglich überall üblich einfach daherzulügen, Ausreden, Verfälschungen, Irreführungen zu verbreiten – konnte man schweigen? Warum aber nahmen das nur so wenige Menschen in Anspruch, fragte sich Laura. Oder steckte darin auch eine verweigerte Antwort? Manchmal schon früh, und dann all die Jahre später sollte sie unter dem Schweigen ihres Vaters anfangen zu leiden. Er hatte die verweigerte Antwort zu seinem vollkommenen Recht gemacht. Wer weiß, warum ihm das notwendig geworden war. Später schien es so, als käme er aus diesem seinem guten Recht selber nicht mehr hinaus.

Ob es manchen Schriftstellern so geht, dass sie das Schreiben wählen müssen, weil ihnen das Sagen abhandenkam, überlegte Laura einmal.

Oft lag Johann W. wieder unter seinem Auto, so gern im Dunklen, um zu schweigen. Allein mit dem auch schweigenden Motor des Wagens über ihm, wo er selber sich keine Frage von außerhalb zu stellen hatte, oder später nur zu horchen nach den Geräuschen des Motors, die nicht etwa eine Meinung darstellten. Schön schwarz verschmiert wie immer kam er hervor, und durfte sich die Hände waschen in Unschuld.

Redseligkeit

Johann schwieg also am liebsten – es sei denn, dass etwas Sachliches oder Handwerkliches klarzustellen war. Wilhelmine dagegen sagte zu allem immer etwas, zu allem und jedem, und auch zu Dingen, von denen sie nichts verstand. Besonders zu Dingen, die sie nur vom Hörensagen kannte, was er besonders hasste, sich aber auch dazu ausschwieg. Einmal, in einem Urlaub in Bayern, flüsterte sie zu Johann hin, beim Essen in einem bayrischem Restaurant: „Sieh mal, da ist der Skilehrer. Er hat Verhältnisse mit drei Frauen, und er spielt auch beim Volkstheater mit.“

So leise sie dies geflüstert hatte, so laut antwortete er: „Woher weißt du das?!“

Das war in den Zeiten, in welchen er sich überhaupt noch mit Antwort rührte.

Johann W. geriet mehr und mehr ins Hintertreffen. Und das, obwohl seine Haltung eine vortreffliche genannt werden konnte. Wilhelmines Reden wurden von allen angehört, ihre Wiederholungen prägten sich ein. Bei den Kindern führte es dazu, dass nur ihre Angaben befolgt wurden, und im Übrigen führte es zu Verwirrung. Reden ist Silber, Schweigen ist Gold? Nun ja, aber man hört und erhört: die Redenden.

Der Redende siegt über den Stummen, auch wenn der Stumme recht hat.

Da Johann wenig sprach und las, konnte er Erklärungen und Order, die nach Wilhelmines Meinung vom Vater ausgesprochen zu werden hatten – also vom Mann im Haus, der er so wenig war –, kaum formulieren. Er kam ins Abgeschiedene.

Er, der das Gehorchen hasste, wurde der Redegewandten, der von ihm Erwählten, sogar hörig. Und die Kinder begannen, ihn darum zu verachten. Das war die Verwirrung: Er war so ein beliebter, freundlicher Mann, aber war er schwach ihr gegenüber? Was sie von ihm forderte, ging offenbar über sein Wollen und seine Fähigkeit, er blamierte sich. Eine Zeit lang versuchte er, sich zu bessern.

War endlich eine Rüge oder ein Befehl an die Kinder fällig, und hatte er Wilhelmine widerstrebend nachgegeben, sagte er zu jedem der Mädchen knapp:

„Lass das sein!“

Er sagte es in barschem Ton und machte ein ernstes Gesicht. Das musste reichen.

Fragte Laura aber nun: „Warum denn?“, so kam Johann W. in Tumult, sowohl mit seinem Willen als Unwillen als auch der Wahl seiner Worte.

„Du sollst es eben sein lassen!“, rief er.

Dann war wieder Stille. Er konnte es ihr nicht erklären. Laura sollte von allein wissen, warum er etwas verbot. Er konnte es ihr nicht sagen. Aber sie fühlte, warum der Vater unwirsch war. Hella dagegen hatte Angst vor ihm. Sie ging ihm aus dem Weg. Auch fürchtete sie, er würde sie schlagen, weil er manchmal sehr grob und wütend war. Auch ihrer Mutter Blick sagte eindeutig: »Grobian!«

In dieser Familie trennten sich die Lager langsam in zwei und zwei auf.

Laura gehörte zum Vater, Hella zur Mutter. Wenn sie alle zusammen am Tisch saßen, dachte Laura: Hier hat keiner etwas mit dem anderen zu tun, jeder ist für sich allein, in sich verschlossen. Es ist auch so, als hätte jeder hier eine andere Sprache.

Was immer auch geredet wird, es verbindet uns nicht. Dann schränkte sie aber gleich ein, dass sie doch daheim war hier, dass sie in seinem Wesen den Vater und auch sich selbst verstand. Also es war wie bei zwei Parteien: Mama und Hella, Johann und sie.

Er war gut zu ihr. Und dass sie so viel schon von ihm erfahren hatte, stimmte sie gut, obwohl er nicht sprach. Meistens war er doch freundlich, draußen bei den Menschen geachtet und beliebt.

„In der Familie nur der Unwirsche!", wie Wilhelmine W. ihn rügte, erbost, und ohne zu beachten, dass fast alle Menschen in der Familie unverblümter sind als draußen.

Laura fühlte sicher, dass sie ihn lieb hatte. Was Wilhelmine auch gegen ihn haben mochte und ihr wieder und wieder erzählte. Sie hatte ihn allein nur lieb, und verstand sie ihn besser?

Dass es so sein könnte, verursachte große Unruhe in Laura.

Der erste wichtige Film – der Film als Spiegel des Lebens

Viel später sah Laura den Film LA STRADA von Fellini. Der Film wurde gedreht, als Laura sechzehn Jahre alt war. Er sollte ihr lebzeitlang viel bedeuten. Gelsomina, die innige kleine Gauklerin hatte alles, was Laura an einer Frau lieben konnte. Diese war das Gegenteil einer Verführerin, sie bezauberte die Menschen mit ihrer Poesie und leisen Liebe. Laura selber wurde nach diesem Film von Freunden und ihrem späteren Ehemann oft »Rettichkopf« gerufen, wie die verwilderte Gelsomina (Giulietta Masina, Fellinis kleine zerbrechliche Frau, die eine intellektuelle Dame mit Doktortitel war), die man an den bockigen und starken Schausteller Zampano gegeben hatte. Sie musste weg aus ihrer verarmten Familie in einer ganz kargen Gegend Italiens (dieses Milieu immer wieder ergreifend geschildert von Fellini). Zampano hatte sie bezahlt und mitgenommen. Gelsominas Liebe zu dem stets brummig schweigenden ungewöhnlich starken Zampano, dargestellt von Anthony Quinn, der sie schlug, wenn sie nicht gehorchte, versiegte nicht. Einziger Lichtblick war der zarte Seiltänzer (von Richard Basehart bezaubernd dargestellt), der ihr vom Sinn des Lebens in allem, auch den kleinsten Dingen sprach. Doch sie ging zuschanden an dem Mann, zu dem sie gehalten hatte – und er später am Verlust der kleinen traurigen Frau mit der Trompete; sie starben aneinander. Beispielhaft traurige Geschichte tragisch verbundener ungleicher Menschen. Den Film sah sie wieder und wieder an, voller inniger Bewunderung für Fellinis Genie ...

Filme spiegeln andere Welten – und eine solche andere Welt kann die sein, die man mehr als die eigene empfindet als die wirkliche, die einen umgibt. Oder mit deren Wirklichkeit mehr zu tun haben, als man denkt.

Alle Männer, die etwas von diesem Zampano hatten, gerieten in ihrem Leben ins Verstehen der Laura, sie wusste nicht, warum. Diese Grobiane, die lieber fein gewesen wären.

Johann W. war auch »Ein Mann mit Ausbrüchen«. Wurde er unter Druck zu noch weiteren Äußerungen gebracht, als die waren, die er machen wollte, bekam er das, was seine Frau eben »den Ausbruch« nannte. Er brüllte unversehens los, wenn sie ihn mit ihren überfordert und zu seinen Reden überredet hatte. Er brüllte so laut, dass jeder aus seiner Nähe floh. Er, der sonst stille gemäßigte Mann, war ihnen plötzlich fremd und beängstigend.

Laura war er gerade dann nicht fremd. Es war für sie nicht beängstigend. Vielmehr ergriff sie ein tiefes Mitleid mit ihm und sie hätte ihn gern in den Arm genommen, wenn nicht diese fürchterliche Spannung gewesen wäre. Die Spannung, die jede Nähe ausschloss. Sie wusste, wie maßlos traurig er unter seinem Schreien war. Und gründlich hilflos, er war jetzt das, was sie »cholerisch« nannte. Das hörte sich nach »Koller« an, und als ob er nicht mehr richtig im Kopf sei. Auch Laura sollte sie später cholerisch nennen, und Laura würde ihre eigenen Ausbrüche fürchten, die so maßlos anstrengend waren. Immer musste man sich hinterher entschuldigen, und das war schon der Grundaufbau zum nächsten »cholerischen Anfall«.

Johann W. war »außer sich«, so wurde das genannt. Aber die anderen hatten ihn aus sich hinaus getrieben, seine sogenannten »Nächsten«. Sie und nur sie waren dazu in der Lage gewesen – was seine Verzweiflung auf ihren Höhepunkt brachte.

Laura wusste es aus sich, denn auch sie empfand das Gleiche. Sie hatten nun beide, was Wilhelmine »Ausbrüche« nannte. Wurde sie jedoch selbst für irgendetwas beschuldigt, antwortete sie:

„Ich habe doch nichts getan. Ich habe mich immer angepasst."

Laura hätte am liebsten gerufen:

„Damit bringst du uns ja so auf, es ist ja alles verlogen!" Aber das verschluckte sie.

Hätte sie es getan, wäre eine erhebliche Strafe auf sie herunter gekommen, und auch diese hätte den nächsten Anfall genährt. Man konnte Wilhelmine W. nicht sagen, was man dachte, es war zu gefährlich. Und in der Tat war ihr nie eine Schuld nachzuweisen, darauf verstand sie sich bestens.

Es würde jedem seiner Ausbrüche folgen, dass es ihm leidzutun und er einen zumindest inneren Kniefall vor Wilhelmine zu vollbringen hätte. Denn sonst bewahrte nun sie das Schweigen, bliebe wortlos, zudem indigniert und beleidigt.

Anders Hella. Sie wollte sofort fliehen, wenn Johann W. brüllte. Sie zog ihr zartes Lockenhaupt ein und drehte sich herum, ging in eine andere Richtung, leise und unauffällig. Ihr Fürchten kam aus geheimen Gründen wahrscheinlich zu Recht, aus Gründen, die sie nicht wusste, nicht kennen konnte. Nur ihre Mutter hätte diese Gründe zugeben können. Was sie jedoch vernünftigerweise nicht tat. Hella selbst hatte es nicht verursacht und hätte es auch nicht wissen wollen. Über den Kuckuckseiern liegt gewöhnlich ein bedeckendes Mäntelchen, niemand kann darüber etwas mit Bestimmtheit sagen, und das Mäntelchen soll auch tunlichst nicht entfernt werden. Vielleicht hatten sie alle Grund, Johann W.'s Wut zu fürchten. Es war eine ohnmächtige Wut, wie man sagt. Hella selbst hatte sich nie gefragt, was in ihr ihn gegen sie aufbrachte. Wilhelmine mochte davon wissen, aber wollte auch nicht der Grund seiner Wut sein. So blieb alles beim Alten.

Hella empfand ihren Vater in Zeiten seiner Wortlosigkeit als ständige Bedrohung.

Sie behauptete, man wisse ja nie, wann sein nächster Ausbruch käme, und sprach in dieser Weise genau wie ihre Mutter. Wie eben dieser Vater, von dem auch die Mutter bald wieder sprach, dabei eine ihrer Augenbrauen empfindlich hochzog.

Hella sollte später nach seinem plötzlichen Ende bemerken:

„Ich habe vor Papa immer Angst gehabt. Nun ist er tot und liegt da wie ein kleines Männchen. Jetzt kann er mir nichts mehr tun."

Laura erschrak, und verstand plötzlich. Ebenso wie sie verstand, dass hier nichts mehr zu retten war.

Solange es immer wieder passierte, taten Johann W. seine Ausbrüche leid.

Es war schrecklich für ihn, dass er sich selber nicht beherrschen konnte. Er sagte einmal ganz ruhig zu Wilhelmine:

„Frau, das ist meine Krankheit."

Damit hatte er alles auf sich genommen. Und dabei wurde von ihm ausgelassen, vielleicht nicht erkannt, dass auch sie ihm den Erhalt dieser Krankheit verursacht oder eine alte Schwäche in ihm bestärkt hatte.

Johann W. fragte sich nie, wie er zu seinem Ausbruch gekommen war. Er war vielleicht auch hier der Wahl seiner Worte nicht sicher. Sein Schweigen barg einen Teil seiner Hilflosigkeit, ebenso, wie es einen sicheren Instinkt bewahrt hatte.

Nur die kleine Laura konnte er schon als Kind mit seinem Brüllen nicht beeindrucken, sie wusste mit Sicherheit, dass sie nicht gemeint war.

In den Augen seiner Frau

Zu beeindrucken hatte er allerdings nie vorgehabt. Das wusste sie; wenn er schrie, war es schlimm für ihn, hinterher.

Manchmal, bevor es zu den Ausbrüchen kam, entfernte sich Johann auf leise Weise und fuhr zu Freunden oder in die Kundschaft. Denn es war ihm nicht anerzogen und er besaß auch keine angeborene Wendigkeit, Schwierigkeiten zu regeln. Weder mit Worten noch mit Umgangsformen.

Für Laura war es auch nicht einfach und deshalb so schaurig, weil sie ihn in seinem Schreien ihn weinen hörte. Sie war einfach noch zu klein, ihm zu helfen, und sie hätte das gern ihrer Mutter erklärt, denn bald würde keiner mehr denken, dass er der liebe Mensch war, wenn das alles so weiterging.

Eines Tages würde vielleicht sie selber, Laura, es vergessen haben ...

Und dann war es wieder so weit. Der Metzgermeister lag unter seinem Auto.

Wilhelmine nörgelte vor Personal und Verwandten:

„Der Johann ist schon wieder weg. Nie will er in den Laden ... Wo bleibt er nur? Wer schneidet mir mein Fleisch auseinander?"

Dieser erste Höhlenort blieb für Johann W. der Hof, da konnte er auf schnellstem Wege verschwinden. Das aber ausgerechnet vor der Nase seiner Frau, was die Sache erschwerte. Auf jeden Fall erreichte er die bergende Höhle hier zu jeder Tageszeit. Wenn er unter dem Wagen lag in seiner Dunkelheit, war er sicher. Niemand würde zu ihm kommen können, am wenigsten seine Frau. Jeder wusste: Er hatte jetzt die schwarzen öligen Hände.

Laura fragte sich manchmal, wie er es geschafft habe, der Länge nach unter das Auto zu geraten. Kriechen ging nicht. Dann hätte er anschließend mit dem Gesicht zur Erde gelegen. Sie fragte ihn einmal:

„Was machst du unter dem Auto, Papa?“

Aber auch ihr gab er keine Antwort.

Vielleicht überlegte er aber, wie er es ihr doch erklären könnte.

Als Kind dachte Laura: Der Vater will die Gedärme des Autos untersuchen, das ist so wie bei einem Tier. Dazu hat er seine Taschenlampe mitgenommen. Dann hatte er ihr aber einmal in Ruhe gesagt, wie die Sachen hießen, die er mit unter das Auto nahm:

„Schraubenzieher, Schraubenschlüssel, Schraubenmutter, Schraube mit Gewinde, Maschinenöl, Terpentin, Zange, Bleidraht, Hämmerchen.“

Das waren wunderbare Namen für Laura. Vielleicht auch so schön, weil er sie nur ihr anvertraute! Sie kamen ihr allesamt sehr männlich vor, also wie richtige Wörter für Männer.

Johann W. spürte, dass Laura ihm wirklich zuhörte. So konnte er ihr sagen, womit er zu tun hatte. Wenn sich die beiden ansahen, war wieder jeder stolz auf den anderen.

Heimlich fragte sich Laura weiterhin: Wie war er unter das Auto gekommen? Robben ging nicht. Robben robbten mit ihrem Bauch und den Flossen, aber nie auf dem Rücken. So ähnlich wie Robben musste es aber vorgegangen sein.

Also rücklings, die Schultern gerade legen, dann mit den Ellbogen sich seitlich aufstützen und vorwärts schieben. Der Vater lag auf der schmutzigen Decke, die er stets unter dem Auto benutzte. Eine Frage war also auch, wie er die Decke unter sich geglättet hatte. Unter ihm war nur der holprige Steinfußboden. Es würde kalt sein in seinem Rücken.

Laura fand heraus, wie er es gemacht hatte, indem sie es im Wohnzimmer auf dem Teppich sich selber vorstellte. Und versuchte. So übte sie, sich ganz flach auf dem Rücken vorwärts zu bewegen. Jetzt konnte sie das auch.

Glasklare Einigkeit

Wenn Laura Johann W. lange beobachtet hatte und sein Tun verstanden, lief sie in die Küche im oberen Stockwerk. Von dort ging es hinaus auf den Balkon. Sie überkletterte seitlich am Balkon ein Mäuerchen; das war die Stelle, von wo aus sie auf das Glasdach gelangen konnte. Die unterteilte Glasfläche befand sich zwischen dem Balkon und der Seitenwand des Anbaus.

Wie für Notfälle war dort gegenüber ein Fenster in der Mitte, man konnte also notfalls da einsteigen. Dazu musste man jedoch erst bis in die Nähe des Fensters gelangt sein, und das Glück haben, dass das Fenster geöffnet war.

»Glasdach«, das Wort war beim ersten Hören schon aufregend für Laura gewesen.

Es war ein helles Wort, und es passte. Sie hatte das Glasdach von Anfang an bestaunt, kannte seine schmalen Felder, seine längs verlaufenden Verstrebungen aus Stahl. Sie wusste, wie fein das Glas in der Sonne leuchtete, es spiegelte die Sonne wider und ließ gleichzeitig ihre Strahlen hindurchfallen bis in den Hof. Manchmal musste das Glasdach gereinigt werden. Dann wurden Fensterputzer bestellt, die es geschickt erledigten. Laura kannte diese Fläche von oben und von unten.

Glasdach, wie seltsam, dass man in ein Glasdach verliebt sein konnte!

Es war vollkommen anders als alle übrigen Dächer der Umgebung. Es gab kein zweites solches Dach; die anderen Dächer machten dunkel, dieses machte hell.

Später sollte Laura davon träumen, ein Atelier zu haben mit riesigen Fenstern – zum Himmel hin. Im Raum würden weiße Nesseltücher hängen, um etwas abzutrennen; Licht und Weiß gehörten in ein Atelier.

Darin hatten immer die Maler gelebt und gearbeitet. Das sollte ihr Reich werden!

Nie sollte Laura ein Atelier bekommen. Aber immerhin schaffte sie es, in hellen Räumen zu leben.

Glas, dachte sie weiter als Kind, ist aber auch gefährlich und empfindlich. Es gilt als etwas Hartes, Zerbrechliches, spitz, böse, denn Glas kann schrecklich splittern.

Laura dachte sehr häufig über Glas nach. Der Vater hatte einen Glasschneider. Damit konnte er das harte Material ganz scharf markieren und brechen, sie hatte ihm oft dabei zugesehen. Der Glasschneider war interessant, er wurde mit dem scharfen Glas fertig.

Manchmal sagte einer im Haus: „Es ist etwas auf das Glasdach gefallen." Das wurde mit dem Besen vom Balkon her weggeholt. Vielleicht ein Fetzen Papier, ein Büschel Herbstlaub. Betreten durfte das Glasdach keiner, wie Familie und Personal stets besonders vor Laura betonten. Auf keinen Fall! Aber Laura hatte heimlich ihren Vater und die Fensterputzer über die Stahlverstrebungen gehen sehen.

Einmal sah sie Johann W. mit einem Topf Kitt. Bedächtig hatte er dann Stellen, wo in den Verstrebungen der Kitt abhandengekommen war, zugeschmiert. Laura hatte ihn beobachtet und nichts darüber gesagt. Hernach hatte sie lange an dem Topf mit dem Kitt gerochen. Glas machte sie neugierig, sein Besitz machte offenbar reich. Es war wohl das gleiche Gefühl, das die weißen Männer im Dschungel bei den Wilden erweckt haben, denen sie Glasmurmeln schenkten. Sie gaben es ihnen, um die Wilden gut zu stimmen und bei ihnen an andere Schätze zu kommen. Die Wilden aber waren hoch erfreut über das bunte, geheimnisvolle Glas. Was die weißen Männer nie begriffen: Mit den Glaskugeln hatten sie die Wilden tatsächlich reich beschenkt.

Vielleicht mehr, als ihnen der Gewinn durch die Bodenschätze selber bedeutete. Denn die Freude am Wunder hatten die weißen Männer verloren, ihre Gier war vorrangig geworden. Die Wilden kannten noch Wunder, ließen sie gelten, kannten ungetrübte Freude.

Licht und Glas

Das Licht der Freude baut auf glückliche Betrachtung.

Laura sammelte von Müllhalden Glasflaschen und Glastöpfe in jeder Form, Farbe und Größe. Was die Leute nur wegwarfen! Sie versteckte das alles unter dem Dachboden. In einige Töpfe gab sie Wasser, dann sah sie sich die Gefäße erneut an. Mit dem Wasser erschienen sie ihr wie »doppeltes Glas«. Sie sammelte Glasscherben, wenn sie kräftige Farben hatten. Diese legte sie sich auf der Erde immer neu zusammen. Am schönsten aber waren die farbigen Glasstückchen in ihrem Kaleidoskop!

Das nannte man ein „Spielzeug", das Wort gefiel ihr nicht.

Es war eher wie ein Rohr zum Ansehen von Wundern. Das Kaleidoskop aus Pappe, schön überzogen und beklebt mit streifigem Paketpapier, hatte ihr der Vater geschenkt.

Johann W. hatte es beim „Zauberkönig" gekauft. Die Glasstücke machten, wenn man sie durcheinandergeschüttelt hatte und dann durch das Rohr am Ende im Licht ansah, himmlische Bilder, geordnete Muster. Sie waren ebenso ordentlich wie wild leuchtend, so wie Laura es an Kirchenfenstern schon beobachtet hatte. Besonders, wenn die Sonne hindurchschien.

Aber im Kaleidoskop waren die Muster und die Farbtöne noch viel besser; man konnte sie schütteln, das war höchst wunderlich. Kirchenfenster konnte man nicht schütteln.

Laura dachte überglücklich, dass ihr der Vater, natürlich er, so ein Wunder geschenkt hatte. Das konnte er, weil er sich auskannte in Wundern. Außer ihnen beiden kannte Wunder kaum einer in der Familie.

Echte Wunder gab es ganz sicher, und ganz sicher selten.

Die anderen, aus Verwandtschaft und den Angestellten, hatten Wunder vielleicht nie bemerkt. So brauchte man ihnen auch nichts davon zu erzählen.

Der Name Kaleidoskop war ein geheimnisvolles, vornehmes und vielleicht ein sehr altes Wort, dachte Laura. Es war für sie so, als gäbe es in ihrem Kaleidoskop Muster ohne Zahl, immer noch mehr und mehr. Und nie konnte man es im Voraus wissen, wie das Neue sein würde. Das war wie bei einem Wasserfall die Töne. Sie hatte schon lange gelauscht, ein Ton glich nie dem andern, der Wasserfall machte ohne Ende neue Töne. Nie würde es sich auch hier wiederholen. Ein Strom von Bildern, der nicht enden würde!

Immer wieder nahm sie sich das Kaleidoskop voller Ehrfurcht in die Hände. So würde es bestimmt auch in der Ewigkeit sein, dass man nicht wusste, welches Bild noch kommen würde. Das zeigte natürlich, dass man der Ewigkeit sicher sein konnte. Also, dass es in dem endlosen Leben immer wieder etwas Neues zu sehen gäbe. Neue Bilder würden auch da kommen, denn die Ewigkeit war wohl nun einmal das Reichste von all dem, weil sie überhaupt nicht aufhörte.

Laura sah sich Glas immer lange an; es war einmal schneidend, einmal glatt, manchmal zersprungen wie das Eis in einer Pfütze. Mal war es schön und von den Menschen geformt, mal auch gefährlich gezackt, wenn es hingefallen war. Ruhig konnte es auch sein, ganz ruhig wie die Wasseroberfläche auf einem Teich. Laura sah auch größere Glasstücke vor sich, die nach einem Bombardement auf die nahe gelegene Glasfabrik auf der Straße gelegen hatten. Das durch Feuer willkürlich geschmolzene Glas lag nun erkaltet in seinen schlierigen und sonderbaren Windungen da. Das waren die schönsten Glasstücke! Die wunderlichsten, die sie je gesehen hatte, streifig die Farben, licht und zerflossen wie Wasser, aber fest.

Glas war also ein Denkmal des Wassers.

Später erfuhr Laura, dass das Glas aus Sand gemacht wird. Das gefiel ihr. Sand lässt sich gut in die Hand nehmen. Sie dachte: Es hätte auch nicht gepasst, wenn Glas aus Mehl oder Gips gemacht worden wäre.

Dass der Vater ihr das Kaleidoskop geschenkt hatte, bewies, dass er wusste, wozu Mensch und Glas fähig sind.

Wider das Verbot

Bald schon hatte Laura gegen sein Verbot versucht, ihrem Vater gleich über das Glasdach zu gehen. Sie tastete über die Stahlverstrebungen; das tat sie, wenn keiner im Hof war. Oder wenn Johann W. gerade unter dem Auto lag. Sie balancierte bis hin zur gegenüberliegenden Wand, glücklich, wenn sie diese erreicht hatte.

Sie erzählte keinem davon.

Es mag sein, dass verwandte Seelen, wie die dieses Kindes und die dieses Vaters, trotz ihrer Ähnlichkeit oder gerade deshalb einander merkwürdig vorkommen.

Ja, so war es.

Aber später, viel später, haben sie um dieses Merkwürdigen willen einander erst recht erkannt, ja, für immer geliebt.

Johann W., der wieder einmal mit Mühe zur Inspektion seines Wagens unter diesen gelangt war, fragte sich, ob er es nämlich doch gesehen hatte, und wieso das Kind schon wieder oben auf dem Glasdach ging.

Sie wiederum dachte, er wisse unter dem Wagen nichts davon. Wie oft hatte er es ihr verboten! Und sie ahnte: Obwohl es ihm sehr schwer gefallen war, aber vielleicht musste das sein ... Sie hatte Französisches gehört, das hatte ihr einer über die Schaukel erzählt.

Da Johann W. kein Französisch konnte, wusste er nicht, dass das Wort „balancieren“ mit dem französischen „Balancoire“ zu tun hat, also mit „Schaukel“. Laura wusste es. Ihm war aber bekannt, dass es bei diesem Wort gewiss um „Balance“ geht, um das Gleichgewicht. Er dachte weiter nicht darüber nach.

Laura jedoch wusste ganz genau: Das Gleichgewicht auszuprobieren war etwas höchst Spannendes! Schaukeln war fast genau so spannend wie alles Durch-den-Raum-Schwingen, also auch Balancieren. Der Papa musste etwas davon kennen, vielleicht von früher. Sonst hätte er die Schaukel nicht angebracht.

Das Balancieren tat Laura ebenso gern wie das Schaukeln, das eine oberhalb, das andere unterhalb des Glasdachs!

Unten dachte Johann W. im Dunkel seiner Höhle: Laura gehorcht nicht! Immer runter von der Schaukel und rauf aufs Glasdach!

Was das mit ihm selber zu tun hatte, wusste er nicht.

Aber: Es ist eine Leidenschaft, das mit dem Balancieren, ahnte der Mann unter dem Auto. Er konnte gut unterscheiden; sie reizte nicht das Verbotene, sondern das Gefährliche. Sie wollte sich Mut beweisen; mit einem seiner schnelleren Blicke hatte er sie auf dem Glasdach entdeckt, aber das brauchte ja niemand zu wissen.

Wilhelmine stürmte jedoch in den Hof und rief: „Die Laura ist auf dem Glasdach! Und Frau S. wünscht fünf Schnitzel, kannst du sie holen? Der Laden ist voll!“

„Sie hängen rechts im Kühlhaus“, brummte er unter dem Auto hervor.

„Es ist nicht zu fassen!“ zischte sie, und riss die schwere Tür des Kühlhauses auf.

Laura auf dem Glasdach hatte Wilhelmine gar nicht bemerkt. Sie kam wieder aus dem Kühlhaus und stob mit den Schnitzeln durch den Hof auf die Ladentür zu. Als sie öffnete, hörte man im Laden die Kunden schwatzen. Und Patsch, war die Tür wieder zugefallen.

Unter dem Auto dachte Johann W. weiter über Laura nach, während seine Taschenlampe den neuerlichen möglichen Fehler im Getriebe des Wagens entdecken sollte. Neulich im Sommer hatte er sie im nahen zerbombten Schulgebäude gesucht, und da dort niemand zu sehen war, hatte er „Laura, Laura!“ gerufen. Keine Antwort. Sie hatte wieder das Abendessen vergessen. Am Ende hatte er sie dann in der Turnhalle, oder besser dem, was von der Turnhalle nach dem Krieg im Schulgebäude übriggeblieben war, entdeckt. Die Halle hatte kein Dach mehr, statt dessen nur einen einzigen, etwas gebogenen Eisenträger von einer

Wand zur anderen. Dort hatte er sie gesehen. Am Boden lag der Schutt der ehemaligen Decke. In der beängstigenden Höhe, die eine Turnhalle hat, und hier einer, die himmeloffen dastand, balancierte sie auf dem einzigen Eisenträger. Johann W. stockte der Atem. Nur kein Geräusch machen. Auf dem Trümmergrundstück war es still. Was für ein sonderbares Kind. Er stand unbeweglich.

Johann erinnerte sich, er hatte dann mit Laura laut geschimpft, als sie den Boden wieder erreicht hatte. Eine noch existierende Treppe im Schulhaus war sie hinuntergelaufen, jetzt hing sie an seinen Arm, stolz, atemlos.

„Es ist sieben Uhr! Hast du wieder das Essen vergessen? Wir warten alle auf dich!“ hatte er gerufen. Mehr zu sagen traute er sich nicht. Was für eine Angst bei seinem Blick nach oben in ihm war, das hätte er nicht sagen können. Jetzt schien es ihm weniger gefährlich: Sie da oben auf dem Glasdach, und er war ja in der Nähe.

Als Laura Jahrzehnte später ihren Vater Johann W. ebenso balancieren sehen sollte, über dem fünften Stockwerk seines anderen Hauses, das vermietet war, wie er am schrägen Dach entlang ging, wo nirgends ein Gitter war, stockte ihr ebenso der Atem. Sie sah ihn Dachpfannen ausbessern, nahe der Dachrinne zur Straße hin. Sie blickte hoch wie betäubt. Es war nichts zu sagen, schon gar nicht von der Straße her, ihm etwas zuzurufen. Sie dachte erschreckt das Wort „Schlafwandler“. Und dann dachte sie noch: Mama. Wilhelmine, hat uns so nie gesehen. Und sie ging, ohne noch einmal hochzusehen, schnell weiter.

Laura, jetzt noch Kind, hatte in dem Schulgebäude, der alten Turnhalle, in seine Augen geblickt, direkt in das Türkise. Sie wusste, das war das beste. Immer wenn er brüllte, sah sie ihm schnell hoch in die Augen. Da brüllte nichts, da war es still. Ihre kleine Schwester hatte ja diese ewige Angst vor ihm und sah sofort weg, wenn er Wut bekam. Das war dumm von ihr. Laura merkte, dass sie den Vater besser kannte. Und sie war stolz darauf, dass Johann W. es auch wusste.

Er wiederum wusste: Laura würde nicht mit dem aufhören, wovor auch er Angst hatte. Er dachte unter dem Auto: Sie klettert an allem Hochragenden hinauf, an den Mauern der zerbombten Häuser manchmal bis zum ersten, zweiten Stockwerk. Und an allen Bäumen, die der Krieg dem Viertel gelassen hat. Auch an der altmodischen Laterne vor dem Haus, die stehengeblieben ist, hab ich neulich gesehen.

An diesem hübsch verzierten, unzählige Male übermalten Laternenmast mit Lampe klomm sie schnell und geübt hoch, denn der stand direkt vor der Tür.

Mit der Laterne hatte es so seine Bewandtnis. Sie hatte wie immer auf dem breiten Trottoir gestanden, an dem besonderen Tag. An diesem Tag, dem verdammten.

Und sie stand noch immer schlicht, verziert und aufgereckt,. Aber hinter ihr, ein paar Meter weiter, war an dem besonderen Tag das ganze Haus des Johann W. zusammengebrochen. „Totalschaden" hatte es geheißen. Das bedeutete: ein Haus verwandelt sich in einen Schuttberg innerhalb weniger Minuten ...

Wäre es je zu fassen?

Während seine Taschenlampe das Auto ableuchtete und das Rumoren vorne im Laden weiterging, dachte Johann W. über das Vergangene nach. Er hatte von der Front aus Russland heimkehren dürfen, sah sich zwei Tage lang den Trümmerhügel an, um wieder zur Front zurückzukehren. „Fliegerschaden-Heimaturlaub" hatte es geheißen. Gottlob war das alles längst vorbei. Jetzt wuchsen die Kinder heran, und das Geschäft war wieder in Gang gekommen. Es lief ganz gut. Wilhelmine konnte klar mit den Kunden reden und kam mit der Verkäuferin gut zurecht, der Laden brummte, wie man sagt.

Er sah wieder den Geröllberg vor sich, da, wo sich jetzt der aufgebaute Laden befand. Der Berg, worunter all das gelegen hatte, was zuvor noch gründlich renoviert worden war. Was der

Krieg mit einem Einzelnen machen konnte. Man wusste so etwas nicht zu erzählen, das ging über das Erzählen hinaus. Wer würde es verstehen? Es ging auch nicht mehr um »Gehorchen«; das war im Tiefsten doch: Schicksal . Man wurde zur Ohnmacht verurteilt. Er war wie in einem Wirbelsturm von der Front vor seine Trümmer gefallen. Später hatte er einen gefährlichen Fluchtweg nehmen müssen, man hätte sagen können, er wäre am Ende desertiert. Im Grunde war es Fahnenflucht, aber das hatte er weise umgangen, er hatte es, so gut es ging, verbergen, anders ausweisen können.

Johann W. sah auf einmal deutlich, dass er als junger Mensch sich nie die Welt so vorgestellt hatte. In seinem Dunkel unter dem Auto fühlte er, dass er das alles bis heute nicht begriffen hatte. Auch, was ihm in den weit entfernten Ländern geschehen war, ihm, kaum war er doch aus seiner Stadt jemals hinausgekommen! Not, Kälte, Hunger, Geschrei, Schießerei, Todesangst, Befehle, der Krach der Kesselschlacht. Dann das Lazarett. Das Frieren, Heimweh, Schwäche. Immer zu denken, dass man bloß noch mal nach Hause käme. Das allein verstand er in seinem Innern, diesen letzten Gedanken.

Aber es hatte auch gute Leute draußen gegeben, einfache Menschen, die etwas merkten und sich nichts vormachen ließen. Er hatte etwas Russisch gelernt und war stolz darauf. Wenn man denen in die Augen sah, wussten sie, wen sie vor sich hatten. Das zählte immer noch, und es beruhigte ihn.

Er sinnierte weiter auf dem kalten Boden. Damals, als er zu dem Fliegerschaden-Urlaub für zwei Tage heimgekehrt war, sah er auch das Laternchen. Die Laterne allein stand immer noch aufrecht, sonst war alles plattgemacht durch die Bombe, die mitten ins Haus getroffen hatte. Die kleine Laterne schien ihn anzugrinsen, und er hatte bald festgestellt, dass es in der ganzen Straße nur sein Haus erwischt hatte.

Das laufende Geschäft

Jetzt sah er manchmal belustigt auf das Laternchen, an dem sein Kind das Klettern übte ... Wilhelmine kam wieder aus dem Laden und beugte sich unter das Auto:

„Johann, jetzt musst du mir einige Koteletts auslösen, der Geselle ist schon gegangen," sagte sie.

Da machte er die Taschenlampe aus, mühte er sich unter dem Wagen hervor und wusch sich gründlich die Hände. Beim kurzen Blick zum Glasdach hin hatte er bemerkt, dass Laura nicht mehr oben war. Ihr war wohl zu oft die Mutter durch den Hof gegangen.

Ab und zu sah Johann W. weiter zu der Laterne hin; wie der Krieg noch immer in der Luft hängt, wenn er vorbei ist, dachte er. Auch während er mit einem Maurer die Wände seines Hauses hochgezogen hatte, war ihm der Blick dorthin eine Gewohnheit gewesen. Er sah das Laternchen in stets anderer Stimmung vor sich.

Bevor der Laden wieder brummte, hatte es geheißen: Tag für Tag aufbauen, Material besorgen, Mörtel und Mittel auftreiben. Manchmal gab es einen Schnaps am Abend, wenn einer in der Nachbarschaft einen solchen, den man im Viertel auch „Schabau" nannte oder „Knolli Brandi", aufgetrieben hatte.

Sie sprachen viel von dem, was einer „hingekriegt" hatte und meinten damit auch zum Beispiel die Stimmung bei den Beamten des Bauamtes, oder Geschäfte auf dem Schwarzmarkt, oder das Herbeischaffen von Nahrungsmitteln.

Laura merkte, dass die Großen flink, erfinderisch, schlau waren, und findig.

Hatte einer die Flasche „Schabau" aufgetrieben, hörte Laura am Abend bald den bleichen Vater und die Mutter Wilhelmine – die sich schon wieder die Wangen rot tupfte – mit den Nachbarn des abends singen. Einmal hörte sie ihre Mutter Wilhelmine mit dem Lied:

„Ich brauche keine Millionen, mir fehlt kein Pfennig zum Glück, ich brauch nur deine Liebe und Musik, Musik, Musik!" Sie erzählte darauf:

„Ich habe das gestern aus dem Souterrain eines ganz zerbombten Hauses gehört, da hat es einer auf dem Klavier gespielt."

Nun war es also mit Mühe und Not getan, das Haus wieder aufgebaut. Im Rohbau noch, aber immerhin. Das Verputzen sollte viel später stattfinden. Und ein Auto gab es auch wieder. Erst mal den kleinen schwarzen VW, den ein Nachbar verkauft hatte.

Johann erinnerte sich nicht, dass er auch unter diesem so oft gelegen hätte ... konnte man überhaupt unter ihn gelangen?

Dass das Kind jetzt so oft auf dem Glasdach ging, machte ihm innerlich Fragen, und er musste ihr wohl vertrauen ... Laura war gelenkig, wie auch er es als Junge es gewesen war. Gehorchen war ebenso nicht ihre Stärke, auch er hatte das Gehorchen stets gemieden. Beim Gehorchen geschah ja häufig das Verbiegen, so peu à peu ...

Beim Militär hatte er es am meisten gehasst. Ja, und am wenigsten verhindern können. Er verstand sie gut, das war eben sein Kind, die da oben auf dem Glasdach.

Dieses Kind mit dem dicken blonden Haar und hellem, trotzigem Gesicht. Manchmal merkte er, dass so ein Kind Wilhelmine eher fremd war, es war so robust. Sie nannte es auch »Rabauke«. Sie selber war ein ganz zartes blasses Mädchen gewesen.

Laura machte mit ihren strammen Körper gern anderen etwas vor. Auch der spröden Mutter, die dem nichts abgewinnen konnte.

„Laura hat wieder Ideen!" rief dann Wilhelmine aus. Sie mochte es nicht, wenn ihre kleine Tochter ihr an einer Teppichstange im Garten der Tante einen „Überschlag" vorführte, aber sie stand geduldig dabei, bis es getan war.

Wilhelmine W. hatte keine Ahnung, wie schwierig das war. Das Kind kam ihr eher wie ein Affe vor.

Wilhelmine hatte, so ganz anders, als Kind mit ihren Schillerlocken gespielt. Dann hatte sie die Bücher der Erwachsenen gelesen. Besonders, wenn da etwas von der Liebe, und von Verbotenem und all dem Erotischen drin stand. Vielleicht hatte man sie »altklug« genannt, ein Wort, das Laura als eine Schande empfunden hätte.

Für Laura bedeutete der Überschlag, dass das eine Knie eingehängt wurde in die Teppichstange, das andere ausgestreckt schwingend bewegt wurde, heftig, von oben nach unten. Wenn man sich ganz rundherum, mit dem Leib um die Stange drehen wollte, musste ein toller Antrieb mit Schwung genommen werden. Laura hatte diesen lange geübt und ihn hingekriegt. Die Kniekehle war anschließend ganz rau und braun, weil die Stange rostig war.

Ihre Mutter schüttelte den Kopf, wenn sie nun von der Teppichstange absprang.

Dem Vater hätte es gefallen, er hatte es auch ein Mal gesehen. Jetzt war er in seiner Wurstküche.

Auf dem Glasdach hatte die Mutter sie gottlob nicht entdeckt.

Abends blickte Wilhelmine auf das dicke Haar, das über Lauras noch kurzer Kinderstirn wild hoch wuchs und sagte mit dünnen Lippen:

„Eine kurze Stirn bedeutet Dummheit."

Laura schämte sich. Sie kam sich vor wie ein grobes Tier. Ihre Mutter hatte eine hohe Stirn, sie sagte dazu selber »Denkerstirn«, und: »wie bei Goethe«. Die Kinder auf der Strasse dagegen nannten so eine Stirn »Bottersteen«, eine Butterstirn. Was das zu bedeuten hatte, wusste Laura nicht. Über manches konnte man lange nachdenken, ohne Antwort zu bekommen. Hatte sie nun »keine Bottersteen« und konnte froh darüber sein? Oder hatte sie eben die Stirn einer Dummen? Jedenfalls schlich Laura sich am nächsten Tag zu Johann W.'s Rasierapparat. Sie scherte sich einen breiten Strich von ihrem Haaransatz ab. Das war sehr mühsam, ungewohnt mit dem Wasser, der

Seife, was in die Augen lief, und der furchtbaren Rasierklinge. Aber es gelang.

Die Mutter sollte sehen, dass sie nun nicht mehr die Stirn einer Dummen hatte. Aber Wilhelmine W. bemerkte es gar nicht.

Auf dem blassen oberen Streifen dieser Stirn sollten bald helle Stoppeln sprießen. Wie bei den Männern sonst auch im Gesicht, dachte Laura und ärgerte sich.

Und wie ärgerlich: Die Mutter hatte auch noch nach Tagen ihre Veränderung, also dass nun auch sie eine »Denkerstirn« bekommen hatte, nicht wahrgenommen.

Wilhelmine W. hatte zu ihrem Kummer dünnes Haar, das wusste Laura, und dann war sie stolz auf ihr dickes. Die Mama ging darum gern und oft zum Friseur. Danach hatte sie wieder Locken wie früher. Laura mochte aber nicht, wie ihre Mutter hinterher roch. Sie hatte nun diese Locken und Wellen, daran drückte sie mit abgespreizten und greifenden Fingern noch lange herum.

Einmal später bestand Laura darauf, auch solche Dauerwellen zu bekommen!

Nach längerem Gebettel durfte sie sich solche machen lassen. Laura sah mit den Dauerwellen älter und ein wenig unnatürlich aus. Aber die gingen nicht mehr weg.

Manchmal bemerkte Wilhelmine abends im Bett zu ihrem Mann, der sich nach ihr sehnte, aber in seinem eigenen Bett zu bleiben hatte:

„Die böse Laura hat wieder ..." Und dann kam eine Reihe der Untaten. Sie meinte, dass dieses Kind nicht zu bändigen sei.

„Das Personal läuft mir weg!" rief sie, und: „Was machen wir nur mit ihr ?"

Johann W. überhörte es eine zeitlang. Er mochte seine älteste Tochter, wieso war sie so schlimm mit dem Personal? Das Personal beklagte sich doch gar nicht.

Bei ihm jedenfalls nicht. Meistens verstand er Laura gut. Dann sagte er zu Wilhelmine wieder diesen Satz vom Gewährenlassen der Kinder, der sie ärgerte.

Aber nach mehreren Aufforderungen von ihrer Seite, das Kind doch endlich zu rügen, fügte er etwas hilflos zu: "Wenn man einen gern hat, ist alles anders."

Johann W. erinnerte sich nämlich wieder an die Sache mit dem Wassereimer – er war selber als Kind eben manchmal so zornig geworden, dass ihn die Schwestern mit dem Kopf in einen Eimer kalten Wassers getaucht hatten! Die Geschichte machte immer wieder die Runde.

War er denn so böse gewesen? Für die andern war es wohl schrecklich. Er schwieg nun lieber zu Wilhelmines Klagen. Das erboste sie noch mehr. Am nächsten Tag fand er wieder einen Grund, unter sein Auto zu gehen.

Familiäre Eigenheiten

Es schien doch nun so vieles in Ordnung gekommen zu sein, man verdiente Geld, die Kinder waren gesund ...

Johann W. mochte sogar seinen Wagen, jetzt diesen Opel, ohnehin liebte er das Autofahren. Und er half, mit seinem Bauen und Reparieren. Der Krieg hatte ihm genug zu schaffen gemacht. Aus seinen Träumen fuhr er nachts schreiend hoch, erzählte Wilhelmine immer wieder. Wie sollte er denn Wut über sein Kind bekommen?

Seine gelegentliche Wut über Wilhelmine, die nicht sein durfte, unterdrückte er ja, so gut es ging. Man hat zu seiner Frau zu halten, und die Kinder sollen nichts andres erfahren in der Familie. Es kam aber dazu, dass sie, Wilhelmine, so schneidend wortwendig war und ihn häufiger beschämen würde. Er wusste, sie tat es immer sofort, wenn er die Geduld verlor. Dann stand er da wie ein Berserker, vor dem Personal und seinen Kindern. Und er hätte am liebsten noch lauter gebrüllt. Das alles war schrecklich, und so etwas jetzt, in den endlich eingekehrten Friedenszeiten.

Er erinnerte sich sehr ungern an ihre Stimme, wenn so etwas vorgekommen war.

„Ach, du brüllst? Weil ich den Hund gefüttert habe?“ hatte sie einmal kalt morgens beim Frühstück gesagt. Da hatte er wütend auf den Tisch geschlagen, weil er seinen Hund liebte und ihn morgens selber füttern wollte. Es war berechtigt, denn der Hund liebte ihn und er liebte den Hund.

Der Hund, ein großer Dackel, liebte eigentlich nichts an seiner Frau.

Er verbarg sich vor ihr. Johann fütterte also gern morgens früh seinen Hund. Dem zusätzlichen Füttern durch Wilhelmine, später, widerstand der Hund allerdings nicht. Wem wollte man das klarmachen? Wenn sie ihn fütterte, war es eben das zweite Mal, und der Hund wurde immer dicker.

Nach dem Krachen seiner Faust auf den Tisch sprach Wilhelmine hochnäsig:

„Ich dachte schon häufig, dass du gewalttätig bist. Aber manchmal bist du wohl eher nicht bei Sinnen. Ich denke, man sollte den Krankenwagen rufen.“

Der Hund hatte sprachlos und satt weiterhin dagelegen, still unter dem Tisch.

Die Kinder, das Personal und der alte Großvater, selbst er, welcher einmal ein stattlicher Mann gewesen war, saßen wie erstarrt. Zu dieser peinlichen Lage ließen sie kein Wort verlauten, was hätte man auch sagen sollen?

Wenn Wilhelmine und Johann derart aneinender gerieten, schmeckte keinem mehr das Essen, oder morgens ein Brötchen.

Er, Johann W., der Geschäftsinhaber, war roten Kopfes vor seiner Geschäftsinhaberin nun in Schweigen versunken.

Hella sagte leise zu Laura: „Diese Kampfhähne.“

Wilhelmine zog auch häufig die Augenbrauen hoch, wenn er gerade stolz auf etwas war. Sie konnte seiner Leidenschaft des Reparierens nach wie vor nichts abgewinnen, ließ ihn jedoch gern gewähren, wenn er etwas am Haus ausbesserte. Gut so, man sparte fremde Handwerker. Seine Vorliebe für das Auto verachtete sie, nur des Sonntags spazieren zu fahren zur kleinen Wanderung und zum Gesehenwerden an schönen Orten, in Restaurants und Cafés, das mochte sie. Wilhelmine W. machte sich im Wagen die Wangen und die Lippen rot, dann rückte sie ihren Hut und ihre Strümpfe zurecht.

„Da hast du an Johann einen guten Handwerker!", hatte auch ein Freund schon im Viertel zu ihr gesagt. Sie hatte nichts geantwortet. Sie hatte ja nie einen Handwerker ersehnt. Aber dieser sah nun einmal sehr gut aus.

Dass die kleinen zänkischen Mädchen sonntags im Auto zugegen waren, musste auch hingenommen werden. Johann W. dachte, dass seine Frau aus besserer Familie stamme, da sie so viel besseres Deutsch redete. Er war schüchtern, und sie konnte auftreten. Manchmal bewunderte er ihre Bravour, wenn sie vor Beamten auftrat oder vor dem Steuerprüfer.

Es war auch so, dass sie ihn wegen seiner Treuherzigkeit oft gern hatte oder wegen der Bescheidenheit – das »Jenöchliche« nannte sie das –, das Genügsame. Denn er bot ihr Sicherheit und Familie, Existenz, Haus, Ansehen – was sie wohl zu schätzen wusste.

Wenn sie zusammen im Auto sangen, hatte man auch den Eindruck von zwei guten Kameraden.

Sie erinnerte sich gern, auch an ihre eigene Zivilcourage, die sie vor ihm lobte:

Als wieder einmal ein Steuerprüfer tagelang über den Büchern gehockt und durch ihre Schlauheit nichts gefunden hatte, sagte sie später nebenan in der Gastwirtschaft zu ihm, der dort in seiner Privatzeit an der Theke stand:

„Und Sie werden doch nie herausbekommen, was wir an einem Eimer Wasser verdienen!"

Sie verriet Laura, dass in der Fleischwurst stets ein hoher Anteil Wassers sei, was der Mann nicht ahnen konnte. Sie verstand auch jetzt zu lächeln mit den sehr weißen, schön geratenen blitzenden Zähnen. An der Theke lächelte sie den Steuerprüfer an!

Laura liebte das blitzende Lächeln ihrer Mutter.

Die ältere Tante hatte an dem Tag gesagt:

„Deine Mutter ist hübsch, und so lebhaft, und schön blond."

Ja, das hätte auch dem Steuerprüfer gefallen.

Laura hatte nun Wilhelmine gefragt: „Was hast du denn mit dem Wasser gemeint?"

Wilhelmine klärte Laura fachmännisch auf: „Weißt du, in einigen Würsten ist mehr Fett, und in anderen mehr Fleisch, in wieder andren viel Wasser. Leberwurst hat viel Fett, Fleischwurst besteht fast nur aus Wasser. Die Leute wissen das nicht."

Sie sah Laura an mit einem fixen Blick an:

„Aber da war ja noch was. Wir haben doch einen Steuerberater, der früher selber Prüfer war – der darf gar nicht beraten! Diesen musste ich etwas fragen, während der Prüfer nun da war. Nämlich, wie ich mich verhalten sollte, aber die Telefonnummer von Herrn G. befand sich auf einem Zettel hinter genau dem Rubens-Bild, vor dem der Steuerprüfer saß! Der Kerl drohte die ganze Zeit mit Nachzahlungen!

Er hatte aber einige unlautere Sachen selber gemacht, davon wussten ich und der Onkel nebenan, ihn holte ich schnell herüber. Er machte Andeutungen davon. Da musste der Prüfer auf die Toilette und ich konnte schnell den Zettel hervorholen!

So sind wir noch einmal davongekommen. Und als er ging, drückte ihm dein Vater ein Fleischpaket in die Hand."

Laura wusste, dass die Fleischpakete immer »wirkten«.

Das Ganze fand sie spannend wie einen Krimi. Die meisten Leute hatten in der Nachkriegzeit kein Fleisch zu essen, und Johann W. schob so ein Fleischpaket immer leise mit dem unschuldigsten Gesicht über die Theke. Das »wirkte« dann.

Wilhelmine sagte jetzt mit spitzem Mund:

„Aber das kann ich nicht. Dieses Schmieren. Das kann dein Vater mit seinen blauen Augen besser! Er tut so, als täte er gar nichts. Die Leute haben ein Paket in der Hand, ehe sie sich's versehen. Und es ist als hätten sie gar keins, aber sie tun dann, was er will."

Johann bewunderte seine Wilhelmine auch jetzt wegen des scharfen Deutschs, wenn sie erzählte. Dass sie etwas gut ausdrücken konnte. Und auch ihrer Witze wegen. Besonders aber um ihrer Augen willen, die ja das gewisse Etwas hatten und alle anderen auch betörten. Sie gehörte aber ihm!

Wie Schlafzimmeraugen doch betören können!, so nannten das die Kinder, wenn sie im Kino gewesen waren fürs Taschengeld. Laura und die Kinder sprachen immer über diese Schlafzimmeraugen, bei den schönen Schauspielerinnen und so, und sie machten deren Augen und Blicke sehr langsam, mühsam nach.

Manchmal zweifelte Johann W. das, was er sich so dachte, auch wieder an.

An den Wochentagen gab das Auto Johann W. die Möglichkeit, mancher ihm undurchsichtiger Bestimmungsgewalt seiner Frau zu entkommen, und er hatte hierzu einige Vorwände zu formulieren geübt. Diese sprach er sogar ungewöhnlich forsch aus.

„Ich bin weg, zum Eisenwarengeschäft, brauche ein paar Sachen." Oder: „Ich gehe eben zum Tanken, ich muss in die Kundschaft."

Letzteres wurde sofort von ihr auf Notwendigkeit geprüft. Denn es dauerte oft mehrere Stunden, weil er Freunde gesucht und gefunden hatte. Johann W. hatte einige Freunde, mit denen er gern lachte. Er lachte schön und mit stiller Freude, dann bekam er ein glänzendes Gesicht, und alle mochten ihn.

Sie wusste, dass ihn die Frauen dann auch mochten. Das wiederum mochte sie gar nicht.

Ein paar Jahre später sollte er vor Wilhelmine formulieren:

„Ich fahre in die Eifel; die Rosen müssen geschnitten werden."

Er hatte nie eine Frau im Sinn. Wenn er aber länger wegblieb, fand sie Gelegenheit, ihr eigenes Heimlichtun zu pflegen. Dies eine ihrer Leidenschaften, denen sie mit der gleichen Bravour frönte, wie sie es genossen hatte, den Steuerprüfer hinters Licht zu führen.

Das Häuschen mit dem roten Dach

Johann W. hatte sich einen Wunsch erfüllt, der diesmal nicht Wilhelmine betraf. Zwar sollte auch sie daran teilhaben, aber es war sozusagen ein ländlicher Traum.

Dieses ein bayrisch anmutendes Fertighäuschen mit rotem Dach in der nahen Eifel, das ausbaubar war, und endlich das seine geworden. Johann W. liebte aus ihr ganz unverständlichen Gründen das Land Bayern, er tat das seit früher Jugend und war mit seinen Jugendfreunden auch manches Mal dorthin gefahren, als es ihnen allen noch finanziell besser gegangen war.

Vor dem Krieg, bevor er Wilhelmine kannte, war er mit diesen Freunden in seiner oder eines anderen noblen Limousine für ein paar Tage ins Bayrische gefahren; dort hatte man weitschweifige Ausflüge in die Gegend gemacht, gut gespeist, in guten Hotels gewohnt, abends einen feinen Schoppen getrunken und gewiss fröhlich erzählt. Laura sollte es auf den kleinen Fotos sehen, die sie natürlich wieder zu stehlen trachtete.

Sie hatten noch gelacht, bevor der Krieg begann. Auch das sah Laura auf den alten Schwarz-Weiß-Fotos im feinen, ledergebundenen Album. Sie hatte sie bald herausgestöbert, die kleinen scharfen Fotos ihres Vaters, auf denen er und seine Freunde – sie alle gekleidet in schöne Anzüge, Mäntel und Hüte – in Gartenrestaurants saßen, die Kühe auf Bayerns Straßen beobachteten, oder vor den Hotels in Liegestühlen Unsinn machten. Ihr Vater hatte daneben ganz ungewöhnliche Bilder der Landschaft und des unruhigen Wetters im Gebirge aufgenommen, die Laura faszinierten; er fotografierte ganz anders als die Leute seiner Zeit und seiner Umgebung. Da waren Gewitter und wüste Himmel, auch gefährliche Stellen, Abgründe im Gebirge.

Laura sah auf diesen Fotos einen Johann W., ihren Vater, der einmal ein ganz anderer gewesen sein musste.

Sie fragte ihn nach den Gegenden auf diesen Bildern und merkte sich das Wort „Klamm", das er mehrmals sagte. Sie sah Bilder von Schluchten, Wasserstürzen, von schmalen Bergwegen und schneebeladenen Bäumen, einmal ein ganz kleines dunkles Reh im Idyll einer stillen Landschaft. Laura begann, über Johann W., ihren Vater nachzudenken, und wie er wohl gewesen war, bevor es sie gegeben hatte. Sie sah, welch schöner junger Mann er auf den Fotos war; dieser war glatt zum Verlieben!

Stolz, sportlich, betucht und von gutem Geschmack. Dort in der Runde der Freunde, die auch von einigem Kaliber waren.

Sie sollte die Freunde erst in ihrem gesetzteren Alter kennenlernen.

Später fuhr er mit diesen zur Jagd, oft an den Wochenenden, beim reichsten, dem Fabrikanten, war er in dessen Jagdhaus in der Eifel eingeladen. Das war dann eine Männerhorde in den Augen seiner Frau, und vor allem entfernte diese ihn des Sonntags von ihrer Seite. Laura sah, dass sie alleine dasaß, die die ganze Woche mit ihm gearbeitet hatte. Was sie ihm mehr und mehr verübelte. Sie empfand ihren Gatten nicht, oder nicht mehr als einfühlsam oder rücksichtsvoll. Sie beklagte sich bei Laura:

„Was einer nicht hat, das kann man ihm nicht erklären, es fehlt ihm ja. Die meisten Männer merken gar nicht, wie sie Frauen kränken. Sie sind ohne Einfühlung, egoistisch, rücksichtslos."

Laura hatte keine Ahnung von »die meisten Männer«, aber sie spürte: Da lauerte etwas, was auch ihr einmal zu schaffen machen könnte.

Früher musste ihr Vater zarter gewesen sein. Vielleicht hing auch das Verhärtete mit dem Krieg zusammen.

Die Tanten hatten ihr längst erzählt, der Vater habe in seiner Jugend Zither gespielt und dazu gesungen.

„Weißt du, mit so einer Zither auf dem Tisch, an der man zupft."

Sie konnte sich das nicht vorstellen, kein Mensch spielte mehr »Zither«.

Johann W.: Er setzt sich durch

Eines Tages war also dieses frische Häuschen mit dem rotem Dach von Johann W. in der Eifel gekauft worden. Später wunderte sich Wilhelmine W. darüber, dass sich früher niemand darüber gewundert hatte.

Sie nannten so etwas ein »Wochenendhaus«, aber außer Johann W. hatte ein derartiges »Wochenendhaus« in dieser »bayrischen Version« kaum ein Mensch. Es war wohl sein »bayrischer Traum« gewesen, nun in der Eifel angesiedelt. Sein liebster und reichster Freund hatte auch ein Haus in der Eifel, dieses Jagdhaus. Eine Stunde weiter, wo es schon recht teurer war, ein Grundstück zu erwerben. Und er hatte ein festes Haus, Jagdhaus, in welchem auch Freunde übernachten konnten.

Was Johann W. »das Häuschen« nannte, hatte einen recht steinigen Garten und Vorgarten. Das musste sich langsam ändern. Da der Boden so überaus hart war, war das Grundstück billig gewesen. Es gab da auch noch einen Bombentrichter, der zugeschüttet werden musste. Das alles hatte Johann W. ausfindig gemacht und hatte auch gleich erkannt, dass sein Häuschen sehr schön und allein auf dem Hügel stehen würde. Gerade weil es dort diese »Unebenheiten« gab, die er schon ändern würde, war ihm sein bayerischer Traum überhaupt erschwinglich geworden.

Er grub nun all die kleinen und großen Steine mühsam wochenlang aus, mit einer Spitzhacke, einer Schaufel, oder mit der bloßen Hand. Dann schaffte er sie weg, hinein in den Bombentrichter. Er karrte Mutterboden heran, den er sich mit dem Auto besorgt hatte. Als einmal ein neugieriger Freund zu Besuch kam und ihm vom Weg aus zusah, untätig dastand, auf den gebeugt Tätigen blickte und ihn verlegen fragte:

„Was machst du denn da, Johann?", antwortete der: „Nichts. Ich suche nach Steinen."

Das Bauen, Gartenbestellen, Kinderverstehen, Kochen und Backen, Nähen, Singen, Reparieren, Renovieren, Jagen, Schwimmen, Rennen, Bewirten, Sich gut anziehen, Stark arbeiten in Arbeitssachen, Autofahren, Fußball sehen, Radiohören und Märchen aufnehmen ins Gemüt so wie Schulfunk, das Herstellen berühmter Leber- und Blutwürste, gelungener Abendessen, Kinderpuppenstuben, entsprachen einigen seiner vielen Fähigkeiten. Kaum einer kannte das ganze Spektrum; wie das so ist – man lernt einen von der oder jener Seite kennen, selten im Ganzen.

Äußerlich war Johann W. ein Metzgermeister geworden, wie schon sein Vater einer gewesen war. Er verstand sich daher auf das Wohlschmeckende, die Zubereitung teuren Fleischs und Wilds und hatte alles gelernt, was mit der Zerlegung von Körpern geschlachteter Tiere zusammenhing.

Als seine Frau äußerte, sie habe keine Lust zum Backen, stellte er sich bald als ein hervorragender Bäcker oder Konditor heraus. Einer, der an Regensonntagen in der Küche daheim gute Gerüche von Butter und Vanille und dann den gedecktem Apfelkuchen anbot.

Nichts, das er nicht versucht hätte ... Es schien ihn jederlei Arbeit und Herstellung zu interessieren. Zudem hatte er das Selbstbewusstsein, er würde es schon können, alles was er mit Lust in Angriff nahm. Als ein Vorhangstoff sich gut für die Kissen der Holzbank in seinem »Häuschen« zu eignen schien, nähte er diese Kissen eins nach dem anderen auf der Nähmaschine, was ihm keiner gezeigt hatte, und was Wilhelmine nicht konnte. Er zerlegte auch Uhren, Radios und Bügeleisen, um sie zu reparieren.

Im Anpflanzen von Rosen, Gebüschen, Gemüse, Stachel- und Erdbeeren sollte er sich an seinem »Häuschen« ebenso als Kenner erweisen.

Wilhelmine W. erwähnte nie etwas, schon gar nicht lobend, was Johann gut konnte.

Aber sie kauften gelegentlich zusammen Pflanzen ein. Wilhelmine sah gern auf die Pappschildchen zu den Pflanzen und auf ihre lateinischen Bezeichnungen; der Name »Juniperus Fitzeriana« erschien ihr besonders lustig.

Johann warf zu ihrem Leidwesen nichts weg, was noch zu etwas taugen könnte.

Im Ergattern metallener und hölzerner Einzelteile für seine Reparaturen, herkommend aus Fachgeschäften wie von Altwarenhändlern, war er gaunerhaft geschickt. In der Straße gegenüber wohnte der »Alträucher« wie man ihn nannte, und Johann W. verhandelte gern mit diesem über Preise alles diesem unbrauchbar erscheinenden Materials.

An der Stelle, wo früher der jüdische Alträucher gewesen war, den schon der Großvater gekannt hatte, war nun ein anderer. Der Platz sah auch ganz anders aus, er hatte alles Abenteuerliche verloren.

W. Johann bedauerte das. Der ehemalige Alträucher war oft ins Geschäft gekommen und hatte gebeten, telefonieren zu können, er hatte kein Telefon. Man hatte sich, wo immer es ging, gut ausgetauscht.

Aufbauen, Ausbessern, wieder etwas hinkriegen, reparieren oder neu zustande bringen: Bei all dem hörte man den sonst stillen Johann schön singen und pfeifen.

Die Abende »nebenan« in der Gastwirtschaft

Abends hatte er manchmal was fürs Tanzen übrig. In frischem weißem Hemd und gutem Anzug tanzte er mit Wilhelmine und anderen Damen der Nachbarschaft, die seine Aufforderung zum Tanz stets schätzten. Vor der Theke ging es besonders am späten Abend lebhaft zu, man legte die bekannten Schallplatten auf. Die Welt war guten Mutes in der Gastwirtschaft am Ende der Tage bei der Tante nebenan, was immer auch draußen geschehen war. Der Krieg war vorbei, und das schaffte Auftrieb und Abspannung in einem.

Johann W. war stolz, dass er so gut „führen“ konnte beim Tanzen, da war er selbst- und taktsicher. Ebenso wie beim Singen von schöner Natürlichkeit. Ganz unverständlich war es ihnen, wenn Wilhelmine ab und zu anderen Frauen erzählte, er sei ein grober Mann, ein Metzger, ein Russe, und von der Liebe verstehe er sowieso nichts. War da etwa Eifersucht im Spiel? Oder kam da Verachtung auf?

Wenn Laura so etwas mitbekam, war es ihr unheimlich.

Sie selber, Wilhelmine andererseits, wurde im nahen Wald bei der Ausübung zarter Liebestugenden – die wohl ihr allein zuzutrauenden – ohne alles Verständnis von neugierigen Nachbarn beobachtet. Teils gewiss beneidet, in jedem Falle aber böse gerügt; die Nachbarn brachten keine Bewunderung für sie auf, besonders nicht die unbedarften Nachbarn. Sie tuschelten und waren stets stolz, etwas Neues zu wissen.

Johann sollte es jahrelang nicht erfahren.

Manchmal bat er Wilhelmine, mit ihm doch einmal wieder zu tun, was ein Ehepaar des nachts tut. Inzwischen war er wohl so verdattert, dass er nicht einmal wusste, wie er sie darum angehen solle. Sie wollte, mochte nicht, diese Frau, die doch das erste und letzte Begehr seiner Jugend gewesen war und bleiben sollte. Nein, sie mochte nicht mehr, nicht mit ihm. Es würde schon seine Gründe haben, und mit Logik kann man eine solche

Sache ja nicht angehen. Sie fand, dass er unfähig sei, sie teilte es auch Laura mit, was diese in Diskrepanzen ihren Eltern gegenüber stürzte. Der Liebeswunsch sei ja nicht verrückbar, er lebe auf oder sterbe ab, bei dem einen oder anderen Mann. Das sei reine Sache der Liebe selbst, erklärte sie ihrer Tochter, die gar nicht wusste, worum es sich handelte, weil sie sich lieber sonnte, als sich all diese Vorgänge vorzustellen. Also all das Gerede um die Liebe, die mit einem Menschen macht, was sie will, das machte Laura die Erwachsenen sehr unangenehm.

Und wenn Mama diese Anderen charmanter fand ... Aber was ging sie, Laura, das an.

Immerhin hatten sie zwei herrliche Mädchen zustande gebracht, die in der Umgebung als aufgeweckte, hübsche und gesunde Kinder galten.

Laura merkte längst, da gab es viele Flirtereien ihrer Mutter, in der Gastwirtschaft und anderswo. Dass aber ihre Mutter Andeutungen auch vor ihr machte, war nicht gewöhnlich, es kam ihr zu nah.

Laura sah aber, dass sie sich abscheuliches Unterzeug kaufte und sich im Schlafzimmer damit aufhielt. Warm hielt es schon, und die Metzgerei war kalt. Aber hässlich war das alles ganz überflüssigerweise, und entsprach gar nicht ihrer Mutter sonst so betontem guten Geschmack.

„Die Liebe ist ein schöner Traum, die Ehe ist dazu der Wecker", sagte Wilhelmine zu Laura.

Zu einem Kind, das weder wusste, was die Liebe, noch was eine Ehe ist.

Ja, und dann die Bemerkung, man könne doch niemanden lieben, der gerade auf der Toilette schlimme Gerüche verbreitet hätte. Das sagte sie allerdings vulgärer. Und Laura dachte: Sie selber, macht sie da keinen Geruch?

Das sagte das Mädchen nicht, es wäre ihr peinlich, oder sogar unmöglich gewesen. Auch behauptete ihre Mutter, sie schwitze nicht. Andere Frauen kauften sich solche kleinen Stofflappen, die sie gegen das Schwitzen in ihre Kleider einnähten. Sie, Wilhelmine habe das nicht nötig. Also gab sie, ihre Mutter, gar keinen Geruch ab?

Und schwitzte nicht, nie? Konnte an Liebe überhaupt nur denken, wenn dieses alles nicht geschah?

Laura empfand Ekel, sie spürte es im Magen, wusste nicht, warum.

Dieser Ekel sollte sie verfolgen durch ihr ganzes Leben. Das wusste sie noch nicht. Sie wusste auch nicht, dass sie einmal bei Marquis de Sade lesen sollte, wie traurig es sei, dass Liebe und Ekel so nahe beieinander liegen. Wäre sie ohne ihre Mutter auf die Idee gekommen? Und wer brachte den Marquis de Sade darauf? Das sind die Dinge, die, wenn sie angestoßen werden, nicht mehr aufhören wollen zu rollen.

Immerhin blieb fraglich, warum Mama dieses hässliche Nachtzeug trug, das auch Laura nicht gefiel. Denn nachts im Schlafzimmer mit diesem Zeug und ungeschminkt war ihre Mutter wohl so hässlich, wie sie am Tag in ihrem frischen weißen Kittel, der schönen Frisur, mit ihrem Parfüm und den rosa gepuderten Wangen hübsch war.

Musste das sein? Nachthemden wie Biberbettzeug., alles in schrecklichen Tönen wie Lachsrosa, das geradezu aufsässig hässlich war; und es passte das alles nicht zu dem, was sie sonst trug. Als sei da im Schlafzimmer eine Blöde vom Lande, die, wenn sie ausging, in rasanten Kleidern und feschen Hüten draußen erschien. In der Gastwirtschaft jedenfalls fiel sie oft auf ihrer Eleganz wegen. Wie sie danach im Bett aussah, wusste ja keiner.

Johann sprach selbstverständlich zu niemandem darüber. Wieder hielt er sich lieber an Kinder, die in ihrer Unschuld und Harmlosigkeit solche Sachen nicht machten, oder die einen überhaupt nicht so aufregten.

Johann W. mochte das Mundharmonikaspielen, er spielte den Kindern Volkslieder.

Bald lernte auch Laura: »Bald gras' ich am Neckar, bald gras' ich am Rhein, bald hab' ich ein Schätzel, bald bin ich allein.«

In der Wurstküche Schulfunk zu hören, war auch beruhigend.

Bei den Musiksendungen lernte Johann W. viel aus dem Radio, was ihm die häusliche Bildung versagt hatte. Er hatte Bildung und Wissen gern, war von ungewöhnlich breitem Interesse, freute sich über alle Erweiterung, die ihm zukam.

Die Leidenschaften des Johann W. waren überschaubar.

In seinem Viertel galt er als ein anständiger Mann, »feiner Kerl«, sagten die Leute.

Das sagten sie über den, welchen Wilhelmine als »den Groben« betrachtete. Allen sichtbar waren die zu Johann W. gehörenden Dinge des Lebens, Verstecke schien es keine zu geben, und was er als seine Höhlen pflegte, waren solche, die anderen nicht auffielen.

Nie stellte Johann W. eine ihm gegebene Aufgabe in Frage, wenn er sie selbständig erledigen konnte. Er versuchte jedes handwerkliche Problem zu lösen, das kannte man an ihm. Vieles machte ihn neugierig und erfindungsreich; aber für Fremde oder für Lohn zu arbeiten, angestellt zu sein, wäre ihm unmöglich gewesen.

Morgens stand er früh auf, und er tat es gern.

„Man muss immer etwas vorhaben", sagte er zu Wilhelmine, die lieber länger geschlafen hätte.

Einmal bemerkte er auch vor Laura:

„Bevor du aufstehst, sollst du dich im Bett immer erst recken und strecken!"

Laura hatte mehr und mehr in den Ohren die Reden Wilhelmines über diesen Groben, den Russen, den Metzger, und wann er nicht gut rieche. Sie hatte auch noch bemerkt, er kratze sich die Füße. Johann hatte aus Russland ein hartnäckiges Ekzem mitgebracht, das ihn quälte. Also er war einer, der sich immer kratzte. Und so begann Laura, auch die Ratschläge ihres Vaters albern zu finden; sie wurde eingefärbt und ungerecht.

Johann dagegen blieb zu Kindern willig und aufgeschlossen, er lehrte sie, die Schuhe richtig zu putzen, er machte ihnen hübsche Sandalen aus einem großen Lederriemen, der früher einmal eine Maschine angetrieben hatte. Sie sollten ihre kleinen Füße auf den Riemen stellen, so zeichnete er diese der Größe wegen ab. Und dann konnten sich die Sandalen sehen lassen, die er mit noch ein paar Stücken leichten Leders über den Sohlen zusammenbrachte. Die Kinder nannten diese Sandalen »Schlippchen« und waren stolz darauf. Er reparierte auch immer wieder mit Geduld ihre Fahrräder.

Wilhelmine erwähnte vor anderen keine dieser Eigenschaften Johann W.'s.

Seine Kinder waren glücklich mit den Sandalen, sie hatten ihm auch gern bei dieser Arbeit zugesehen. Wilhelmine interessierte es nicht.

Verbesserungen und Reparaturen reizten Johann W. besonders, wenn es jedem anderen unmöglich erschien. Das wiederum machte Wilhelmine nervös. Sie hasste es, so selten etwas Neues kaufen zu dürfen, und er verbot es.

In diesen Dingen sprach er ein Verbot tatsächlich strikt und einfach aus. Er hatte die Sparsamkeit der ganzen Familie, die seit Generationen an ihn weitergegeben war; nur nichts verschwenden.

Auch nicht das Licht abends im Flur brennen lassen. Vernünftig und sparsam sein hieß: Sorgen, damit alles Vorhandene erhalten werden kann und dann etwas Neues geschaffen oder auch beizeiten gekauft wird, aber nur dann.

Manchmal jedoch war Johann W. von spontaner, unerwarteter Großzügigkeit und kaufte den Seinen gute und angemessene Geschenke, die er sorgfältig ausgewählt hatte.

Es war vielleicht zutiefst seine Meinung, dass man kein Material verschwenden solle. Er hatte die sinnlosen Schäden des Krieges, dessen Verschwendung alles mühsam Gebauten und Angelegten, bitter erfahren.

„Das ist noch zu gebrauchen, das wird nicht weggeworfen, ich repariere es! Wir brauchen nichts Neues."

Wilhelmine W. blickte verächtlich auf ihren Tüftler und Handwerker, wie viel lieber hätte sie doch vielleicht einen eleganten Galan oder reichen Mann oder einen feinen Doktoren gehabt? Und wer weiß, ob sie diese nicht alle ohnehin gehabt hat und den guten Johann zur Sicherheit? Oder hatte sie ihn doch im Innersten gern? Sie blieb bei ihm.

Die Kinder aber verstanden es gut, dass er aus allem noch etwas machen konnte!

Sie bemerkten, wie er so hinsah und darüber nachgrübelte.

Wilhelmine wiederum sah abends aus ihrer Küche zu ihm im Wohnzimmer ärgerlich herüber; manchmal zischte sie zu Laura hin:„Stur wie ein Russe. Und so ein Stiernacken, man sagt ja, den haben die Metzger. Das hätte ich mir merken sollen!"

Laura fiel später auf, dass ihr Vater jung auf den Fotos einen derartigen Nacken nicht gehabt hatte. In der Seelenkunde wird angegeben, dass Menschen sich körperlich »Schutzpanzer« zulegen können. All das war Laura aber viel später erst zu Ohren gekommen, nun wurde sie gegen ihn aufgebracht. Wilhelmine ließ nicht nach mit ihren Bemerkungen. Solche Giftpfeile stechen, bleiben in Kinderseelen stecken.

Dann kam auch noch ihr Misstrauen – ob nicht auch er »was gehabt hätte?«. Oder war dies Misstrauen klug eingebracht, beider Schuld zu verteilen?

„Es muss da in Russland auch etwas vorgekommen sein."

Einmal erwähnte sie es mit sonderbarem Unterton:

„Dort ist, hat einer erzählt, als er sehr krank war, ins Lazarett eine Russin gekommen. Eine, die ihm etwas zu essen gebracht hat. Sonst wäre er wohl gestorben."

Das war vielleicht der Grund, warum sie die Russen, versteckt unter »die Russin« nicht mochte. Laura wusste auch noch nicht, dass gerade die Menschen eifersüchtig sind, die selber Grund dazu geben.

Sie mochte all diese Redensarten nicht. Aber deren Wirkung war nicht aufzuhalten. Was eine Mutter spricht, hat Wirkung.

Es konnte immer auch sein, so fühlte sie, dass Wilhelmine die Sache übertrieben hatte und ausschmückte. Johann W. würde ohnehin nie darüber reden. Laura begriff manchmal, wie ein schweigsamer Mensch auch zu einem Übertölpelten werden kann. War er denn so grob, oder war er nur schüchtern?

Für Wilhelmine waren »die Russen«: Grobiane, brutal, Männer, die Frauen vergewaltigten. Was hatte man nicht alles gehört, was im Krieg geschehen war!

Bei ihr war von Schaljapin nie die Rede.

Laura dagegen wünschte sich heimlich, dass es wahr gewesen wäre, dass eine Russin einmal ihren Vater geliebt und ihm Essen gebracht hätte.

Wenn Johann W. seiner Frau heimlich unfolgsam war, ihren Wünschen nicht nachgab, oder sich ihrem Geschmack nach falsch benahm, rief sie hinter dem Ausdruck „Russe" noch hinterdrein: „Zementwand!" Laura staunte: was für ein Wort!

Ob man in Wilhelmines Heimat so redete? Das Wort klang allerdings, auf einen Mann bezogen, wie eine Erfindung Wilhelmines. Also von ihr, die ja eine sehr selbständige Frau war. Laura sah sie dann manchmal vor sich, grau und kalt, die »Zementwand«. Eine, wie die im Keller unter der Wurstküche. Aber ein Mann wie eine Zementwand?

So etwas Scheußliches, das gab es doch nicht, aber vielleicht war ihr Vater so hart, wie sie sagte? Laura kannte ihn so nicht. Aber es machte sie unsicher. „Zementwand" war das Schlimmste. Wenn sie verächtlich war, sagte sie auch, auf ihn hin blickend: „Oh Stumpfsinn, mein Vergnügen!" Wenn sie das mit dem Zement gesagt hatte, hatte Johann kein Herz mehr. Was sie über ihn sagte, verwandelte ihn vor seinem Kind zu einem Stein.

Sie sagte es noch mehr, wenn er mit seinem Freund zur Jagd ging, und sie sonntags alleine ließ; sein Verbessern und Ausbessern beispielsweise stellte sie gern als kleinlich hin. Solcher Ehrgeiz ihres Mannes, aber auch schon sichtbar in einer seiner Töchter, der blonden, blieben ihr fremd. Wie dieses Kind das Balancieren versuchen musste, wenn es unmöglich erschien, so musste er etwas austüfteln, reparieren, wenn schon keiner diesem Vorhaben mehr traute.

Und überhaupt war er, und war diese Tochter viel zu eigensinnig. Ihr Abwerten war ansteckend, niemand in der Familie sprach Johann für eine Bemühung, eine Fähigkeit, die Reparatur bewerkstelligt zu haben, oder bestimmte Kenntnisse ein Lob aus. Er versuchte jedoch trotzig bis zu seinem Lebensende, weiter alles Mögliche zu reparieren, und rettete viele Sachen, denen der Rausschmiss gedroht hatte. Aber die allerletzte Sache, wenn der Rausschmiss droht, konnte er nicht flicken. Gegen Ende seines Lebens tauchte er noch einmal mit ihrer alten ledernen Schultasche, die er ihr als Mädchen gekauft hatte und die nun all sein Werkzeug enthielt, bei Laura im Flur auf und fragte: „Kann ich dir etwas reparieren?“ – „Nein, sagte sie schlicht, ich habe jetzt auch Besuch.“

Und Johann verließ den Flur, den er noch nie aus freien Stücken betreten hatte. Sie sollte ihn lebend nicht mehr wiedersehen. Sie weinte darüber, dass sie ihn nicht verstanden, ja, nicht einmal eingelassen hatte. Je älter sie wurde, desto mehr wollte sie ihren Vater wiedersehen, das war ein inniger, immer wieder auftauchender Wunsch geworden.

Das Leben selber untersteht, wenn es brüchig wird, anderen Gesetzen. Einmal kam es dann über ihn, das letzte Unausbesserliche.

Doch wer weiß – vielleicht gibt es auch dann noch Rettung, oder eine Art unsichtbarer Reparatur am Menschen selbst, oder eine Art Belohnung, für den Weggegangenen, vielleicht eine jenseitige Werkstatt für Johann W., ganz nach seinem Geschmack.

Johann erprobte alle diese Jahre seine handwerklich-erfinderische Kunst, Laura erprobte ihr Gleichgewicht, das Balancieren, so wie vielerlei körperliche Abenteuer. Später sollte sie den Zirkus immer noch lieben. Und er die Natur, die Jagd, sein Häuschen mit dem roten Dach.

Als sie schon älter war, schrieb Laura über den Zirkus eine Art Manifest, sie hatte noch einmal einen kleinen poetischen Zirkus, den »Cirque Bouffon« erlebt:

Es ist so gut, körperlich zu sein! »Je suis mon corps«, sagen die Franzosen. Ich bin mein Körper, und nicht: »Ich habe einen Körper«, wie der Deutsche sagt. Alles, was der Körper kann in seiner Kraft, Grazie, Balance, in seinem Mut, in seiner Jugend, seinem Abwägevermögen – das ist ein Beherrschen des Ureigenen. Und es ist keine Religion, es ist ein Wissen. Die Zirkuskunst ist eine Anstrengung ohne Pause, aber das Gegenteil eines Martyriums. Hier hängen sie nicht am Kreuz, hier hängen sie in der Luft!

Zirkus ist auch Komik, Groteske, Philosophie. In den Sarg kommt ein jeder ohnehin, aber vorher, nach seiner Geburt, auf seinem Weg auf die Erde, soll er zeigen, was er kann! Sein Bestes selber tun und für sich selbst auch erfahren. Wie man immer sehen kann, dass ihre Kraft und Anmut den Artisten selber Freude macht! Na gut, Universität – Kopf Kopf Kopf – und die Fragen bleiben.

Im Zirkus ist jeder Artist »On the beat«, wie ein Jazzmusiker. Auf dem Zenit der Zeit also mit ihrer ganzen Möglichkeit! Bevor die Verlängerung kommt, das Ewige, von dem wir noch nichts wissen. Alle Künstler haben den Zirkus geliebt, weil sie dieses spürten.

Rausch ist mager gegen die Erfahrung im Zirkus, die dieser Körperlichkeit in Präzision, Dehnbarkeit, Glanz, voller Schönheit, und in eigenem Duft. Das ist der perfekte Geist des Körpers; und so etwas bekommt der Zuschauer gegen einen Obolus geschenkt, er spürt auch, dass er deren Mut da oben gar nicht bezahlen kann.

Wie sieht man hier die Augen leuchten und staunen. Man erinnert sich kaum an Golgatha in der Zirkuskuppel, hier gibt es keine Häscher, hier gewinnen die Artisten das Spiel! Und jeden Abend neu! Ihr Genie ist ihre Garantie, man kann es nicht leugnen, ihren Wert nicht mindern.

Sie produzieren schönere Flüge als die der Engel. Ohne Traum und Kitsch, ohne künstliche Vogelflügel. In der Akrobatik ist immer auch Rhythmik, hier gehen die Uhren richtig, wenn auch anders als draußen. Es kann in dieser Welt nicht gemogelt, nichts vorgegeben werden. In der Akrobatik lauert immer der Sturz, wenn man nicht genau auf sich aufpasst. Da hilft kein Klatschen der Zuschauer. Hier sind die Sieger, wenn sie ihr Programm schaffen, die Artisten, und nur sie. Sie sind stolze Überlegene, weil sie sich auf das Härteste und Schönste herausgefordert haben. Weil sie ohne alle Scham das Ergebnis präsentieren können. Keine Wortgenies, hier sind die Körpergenies auf dem Plan, innerlich und äußerlich! Was wären sie ohne ihre mächtigen, trainierten, graziösen u n d zerbrechlichen Körper? Und es sind alle Menschen, besonders Kinder bezaubert von ihnen, erotisiert! Aber es kommt gar nicht auf Geschlechtsteile an in dieser Erotik. Es ist die Erotik der Beherrschung, des Schwungs und der Grazie, der Anmut, der Poesie.

Es gibt nichts Vergleichbares und nichts, dass diese wahre Arbeit, Weisheit und Schönheit der Künstler übertrumpfen könnte!

Ja, so dachte sie über den Zirkus immer noch. Und Johann W. dachte immer noch so über seine Arbeit und ihren künstlerischen Erfindungsgeist – wie vordem.

Zuerst einmal hatte ihnen eine schöne Lebzeit zur Verfügung gestanden, und sie erkannten es.

Johann W. war all die Jahre singend in seiner Wurstküche zu vernehmen gewesen, wenn das Kind oder auch andere Kinder auf der Schaukel saßen. Jahrelang ging das so. Fehlten dem Vater und der Tochter ein bestimmtes Wissen, so brachten sie es sich möglichst selber bei.

Sie fanden jeder für sich das Fehlende oder überhaupt einen Fehler heraus, versuchten, etwas zu bessern. Sie kannten den Genuss an der Erfahrung, dass ein Mensch etwas zum Besseren wenden kann. Hierbei waren sie immer dickköpfig und taub gegen Kritik gewesen, beide.

Wenn man etwas nur kann, weil man dazu belehrt wurde, ist die Freude nur halb so groß. Das Sichselberbeibringen hatten sie mit Eifer gepflegt, ohne zu wissen, dass man solche Menschen »Autodidakten« nennt. Die Sachen klappen aber nur, wenn man sie richtig macht. Oft ging den beiden auch etwas daneben. Sie hatten dann vertane Zeit zu bedauern oder Ausschuss produziert.

Das geht vielleicht oft vielen Leuten so; durch ihre Dickköpfigkeit im Verein mit ihren Misserfolgen riefen diese beiden jedoch in der Umgebung nicht nur Unmut, sondern auch manchmal Nervosität hervor.

Sie versuchten vieles zu reparieren, ließen es aber manchmal auch halbfertig einfach liegen. Das war die bedenkliche Seite an ihrem guten Willen.

Johann und Laura dachten darüber nicht nach. Ebenso, wie sie nicht darüber nachdachten, warum sie an diesem Ort, in diesem Leben, eben im Hof dieses Hauses der Vorstadt so passend zusammengekommen waren. Dies, das Sonderbarste von allem, war auch einfach Alltag. Es war so, und es würde sicher immer so bleiben. Der Geselle sagte einmal im Hof zu ihr:

„Dein Vater strahlt immer, wenn er dich sieht ... Der hat dich gern."

Dieser Geselle war ein wilder Mensch aus der Eifel, sah gut aus, war gut gewachsen, gescheit, er fuhr wild Motorrad. Ihn mochte Johann, ihn am liebsten von all seinen Gesellen, obwohl dieser ein Dickkopf war wie er selber, und nicht gehorchte!

Später ist er der freche Kerl nach Australien ausgewandert. Einmal besuchte er Laura, und sie sprachen über das Damals. Er lachte und sagte: „Dein Vater war ein wunderbarer Mann, sehr eigenwillig. Deine Mutter war eine Schein-Intellektuelle ..."

Das war ein grausamer Ausspruch, der sowohl Wilhelmine W.'s Streben wie ihr hinderliches Schicksal markierte.

Gewohnheiten

Wie war das denn damals gewesen?

War der Satz gefallen: „Johann liegt wieder unter dem Auto", lachte mancher Bekannte oder Verwandte, der zu Besuch gekommen war. Die Antwort auf die folgende Frage, wo denn die kleine Laura sei, war mit der Zeit nun doch der Wahrheit gemäß: „Die ist wieder auf dem Glasdach." Das empörte jeden, der gefragt hatte. „Ein Kind auf diesem Glasdach!", rief die Tante, die des Vaters Lieblingsschwester war. Mancher wandte seinen Blick himmelwärts mit einem Ausdruck, der besagte: Diese Familie ist insgesamt verrückt.

Das Begreifen menschlicher Handlungen durch den Menschen wird gemeinhin als Selbstverständlichkeit angenommen, aber das Betrachten des Einen durch den Andern ruft eher den geheimen Gedanken hervor, dass der jeweils Andere verrückt sei!

Mit der Zeit fällt Nachdenklichen jedoch auf, dass die, die am häufigsten allgemein für verrückt gehalten werden, sich untereinander bestens verstehen.

Johann W. war nicht allein unter dem Auto der fälligen Reparatur wegen, oder um wieder einmal Unmögliches in die Tat umzusetzen, oder um Kosten zu sparen. Insgeheim stellte er sich in dieser öligen Finsternis die schöne Gestalt des Mercedes-Benz vor. Während er seinen Opel instand setzte, oder noch früher den ergatterten »Tempo«, hatte er für fernere Zeiten diesen

Mercedes-Wagen im Kopf, der ja schließlich auch von allen seinen reicheren Freunden in der Zeit nach dem Krieg bestaunt und zum Teil schon gekauft worden war.

Später nannten Journalisten und Beobachter der deutschen Alltagswelt den deutschen berühmten Wagen herb ein »Statussymbol«. Solches Denken war Johann W. offenbar unbekannt. Doch insgeheim wollte er schon etwas gelten; schließlich hatte die Familie vor dem Krieg das beste und größte Auto weit und breit gefahren. So etwas zählt in selbständigen Handwerksbetrieben, und es wird jeden Tag hart dafür gearbeitet. Im Milieu, in dem man nicht mit Doktoren- und Professorentiteln aufwarten kann, und dieses auch gar nicht will, gilt das Erarbeiten und Besitzen einer schönen Limousine. Für alle Zeit, auch wenn diese nicht auf dem Grabstein vermerkt wird.

An amerikanische und englische Wagen, elegante Vorkriegsmodelle, war jetzt ohnehin nicht zu denken. Also begann Johann W. heimlich für den Mercedes zu sparen. Er hatte auch einen geheimen Ort, wo die Ersparnisse versteckt waren. Ein gewisser „Buick" war Johann W. zudem verleidet worden, denn das Auto war, sagte er sich, Anfang des Krieges völlig umsonst von ihm auseinandergenommen worden und in einem Schuppen versteckt, damit es nicht konfisziert werden konnte. Man hätte es ohnehin nicht lange fahren können, beruhigte er sich nun, da es aus der Mode war. Ersatzteile fehlten, wenn es defekt war. Und irgendwie war alles das Seine aus dem Schuppen verschwunden.

Wie einem Chirurgen nach langer Operation und dem Hinsterben eines Patienten nicht nur der gewaltige, wenn auch schweigende Vorwurf der Angehörigen trifft, sondern auch noch der innere Ärger an der vertanen Mühe der Operation, so fühlte sich Johann W. nach der Niederlage mit seinem „Buick" betrogen.

Dazu kam der Gedanke: Und damals bei Papa – der Horch! Das war ein Wagen der Ehrenklasse! An beiden gab's nun nichts mehr zu reparieren.

Als junger Mann hatte er erstmals neben seinem Vater stolz in diesem Wagen gesessen und ihn chauffiert, dann auch die ganze Familie und auch Wilhelmine, seine geliebte Eroberung. Sie sah auf den Fotos lieblich, schick und freundlich aus und nahm seine Schwestern bei Ausflügen in den Arm. Was wäre nur gewesen, wenn der Krieg all dies Erworbene, schwer Erworbene, nicht zerstört hätte ... Hatte sie nicht diesen Reichtum sowohl gefürchtet als auch geliebt? Jedoch: Die reichen Männer zeigen den Reichtum ihren Frauen, aber schenken ihn ihnen nicht. Oder was wäre gewesen, wenn eine der Töchter den feschen Gesellen geheiratet hätte? Die jüngere bot sich ihm an, die ältere begehrte er. Die ältere wiederum verliebte sich in einen schönen Schauspieler, den die jüngere abgelehnt hatte. Wie das so ist. Und was wäre gewesen, wenn er statt der Töchter Söhne gehabt hätte? Alles Möglichkeiten, denkbare, die sich die Realität dann nicht auswählt, sondern die weitgehend von Träumen leben. Die Entscheidungen fallen, wie sie kommen, undurchsichtig und unaufhaltsam.

Dass Johann W. großartige schöne Limousinen, die wie technische Höhepunkte und Wunder an Eleganz waren, in seinem Innern regelrecht Persönlichkeiten gleichstellte, war ihm nicht bewusst. Den großen fernen amerikanischen Autoherstellern in der Frühzeit des Wagenbaus, welche den Steuerknüppel als »Joystick« bezeichnet haben, mag es ähnlich ergangen sein.

Johann W.'s Mercedes-Traum war folgerichtig; Träume sind immer folgerichtig, erscheinen aber andren nicht als einleuchtend. Laura beobachtete ihren Vater, sie verwunderte das alles, da auch sie die Zusammenhänge nicht kannte. Die Verwunderung des Menschen über den Menschen hat eben nahezu immer den Grund, dass der Betrachtende die Zusammenhänge oder Gründe des Betrachteten nicht kennt.

Wenn Johann W. sprach, sprach er von Autos. Was hatte er nur immer mit diesen Autos, die er strikt „Wagen" nannte? Laura fand es langsam doch etwas blöde. Gerade dies Blöde aber erschien den Verwandten Johann W.'s als nur natürlich; hatten doch viele von ihnen schon wieder gestandene Geschäfte, oder gut laufende Betriebe, sie träumten einen Einheitstraum: Sie fuhren bisher noch alle gebrauchte, kleine, zusammengeflickte Autos, was gab's schon nach dem Krieg, und so sprachen alle die Namen der diversen Ausgaben des Mercedes mit geschürzten Lippen und erhobenen Köpfen, besonders die Bezeichnung »Mercedes Coupé 220 SL«, voller Respekt aus.

Laura hörte, wie sie »die Formeln« murmelten. „Dieser 220 SL ist ja ein wahres Wunder, ein herrlicher Wagen", sagten sie. Die Limousine, das Cabrio, den Sportwagen Mercedes sahen sie dann wohl im Geiste vor sich, vielleicht sogar in den neu erfundenen Silberfarben. So ein Wagen selbst war in der Tat in diesen Tagen ein durch nahezu leere Straßen gleitender Einzelgänger. Mercedes, das war das Wunder, das im Straßenbild alles bestimmte. Er war inmitten der Trümmerlandschaft tatsächlich eine absurde, unwirkliche Erscheinung.

Laura ahnte nicht, dass das Vorstadt-Straßenbild, dem nicht unähnlich, früher einmal von ihres Großvaters Horch bestimmt gewesen war.

Die Generationen

Der Traum des Kindes auf dem Glasdach war ein ganz anderer.

Über ihren Traum hätte sie zu niemandem sprechen können, auch nicht zu ihrem Vater Johann. Dieser Traum lag in der weiten Ferne der traumgleichen, besseren Zukunft. Sie wollte unbedingt auf einem Seil balancieren. Nicht unter dem alltäglichen Himmel, der sich in den Glasflächen spiegelte, sondern unter einer Zirkuskuppel! Und zwar über allen Leuten. Laura wusste auch nicht, dass ihr Traum vielleicht auch etwas von einem »Statussymbol« haben mochte, wie Johanns Traum, aber viel weniger offenkundig, und vor allem wie aus einer ganz andren Welt.

Dennoch: die Zirkuskuppel war der Ort, an dem sie etwas gelten konnte.

Davon träumte sie, und sie stellte sich selbst so vor: Laura, allein da oben, mutig Schritt für Schritt. Man würde hochsehen zu ihr, wie sie mit behenden Armen jonglierte, auf und ab ging, um ihre sicheren Füße die geliebten Ballettschühchen. Ja, Schuhe aus weichem Leder, die sich in der Sohle etwas bogen um das fest gespannte Seil. Diese Schuhe hätten ein feines Riemchen, und seitlich einen lederüberzogenen Knopf. Das Riemchen ginge über den Fuß und hielte die Schuhe beim Balancieren fest. Laura stellte sich genüsslich und besitzsicher gerade diese schwarzen weichen Lederschuhe vor; solche Schuhe gab es nur in einem einzigen Geschäft in der Stadt, dieses lag dem Schauspielhaus direkt gegenüber, und sie hatte diese Schuhe dort gesehen. Mama hatte ihr natürlich praktische andere Schuhe gekauft, und sie selber schwärmte von „Pumps“ in dezenten Farben.

Lauras Traumschuhe hießen »Ballerinenschuhe«. Wilhelmines Schuhe hießen »Pumps«. Das Wort fand Laura peinlich und lächerlich. »Pumps« wurde wie »ö« gesprochen, und mit »u“ geschrieben. Also »Pömps« ... Ein ähnliches Wort bezeichnete Kindern den Laut, mit dem sie schlechte Luft abließen, nämlich einen »Pumps«. Pumps gab es nur in der Einzahl, obwohl sie in Mehrzahl vorkamen. „Hast du wieder Pumps gemacht!?“, das konnte einer oder es konnten mehrere sein. Ein Wort, in dem das »u« diesmal richtig gesprochen, also so wie auch geschrieben wurde. Wenn auch diese Pumps sicher kaum einer bemerken würde.

Zu ihren Schuhen, den »Pömps«, sagte Mama dann noch: „aus Chevro-Leder“. Pömps aus Chevro-Leder liebte Wilhelmine und besaß einige davon. Später erfuhr Laura, dass das geheimnisvolle Wort »Chevro« ganz einfach »Ziege«hieß und aus dem französischen »Chèvre« kam.

Laura träumte weiter, auf dem Seil trüge sie ein Wippröckchen. Eines, das bei jedem ihrer Schritte in seinen äußeren Spitzen zittern würde. Vielleicht hätte sie aber auch ein enges schwarzes Trikot am ganzen Leib, wie eine Olympia-Turnerin. Sie wäre graziös, als habe sie kein Gewicht. Also leicht wie eine Sternschnuppe. Ihr Körper wäre natürlich fein, graziös, biegsam durch und durch. Dazu würde sie ein ernstes, fröhliches Gesicht machen, wenn sie über das Seil balancierte.

Natürlich hatte sie in der Schule im Fach »Turnen« die Note Eins. Und im Fach »Kunst« ebenso; sie verstand sich eben auf Kunst – und Turnen.

Beide Träume hatten mit Eleganz, der Form und der Bewegung, so wie mit Geltung und Vorzeigen zu tun. Das machte Johann und sie einander vergleichbar, mehr aber noch konnte man sie vergleichen bezüglich der Ferne, in der die Träume lagen. Würde denn Laura, aus einer Metzgerei in der Vorstadt, jemals zum Zirkus gehen? Würde er, Johann, der sich täglich abrackerte, zu allererst mit einem bollernden Tempowagen, je einen Mercedes sein eigen nennen?

Und was würde sich in der nächsten Generation, der Laura angehörte, überhaupt entwickeln?

Erste Liebe

Einmal war sie mit ihrem Vater Johann in einem großen Zirkus gewesen, in einem Zeltbau, den man nach dem Krieg auf einer großen Wiese errichtet hatte. Der war wie ein Palast, der lauter Unglaubliches bot.

Laura sollte sich bald darauf in einen Zirkusdompteur verlieben, noch fast ein Kind, und es niemandem sagen.

„Oh, ist er schön ...“, sollte sie vor sich hinhauchen. So ein Hauch, mit dem Johann unter des Autos Enge am Hofboden das Wort „Mercedes“ sprach, oder dachte: Oh wie ist sie schön, die Mercedes-Limousine ...

Laura, das begeisterte Kind und liebestolle eigensinnige Mädchen, sollte sich abends mehrmals hinschleichen zum weit entfernt liegenden Zirkus, der in die Stadt gekommen war, und dort zu den Käfigen der Wildkatzen. Das war der aufregendste Platz, sie stand seitlich gegen Abend im Dunklen, wo sie den fremden Dompteur beobachten konnte. Er fütterte die großen, stark riechenden Löwen. Er sprach mit rauer Stimme und fremdem Akzent. Seltsame Worte wechselte er mit den Katzen. Er war durch und durch geheimnisvoll, fremd, anders, wild und streng.

Der Begehrte mit dem weißen Anzug und dem schwarzen Schnäuzer, wie er ihr in der Zirkusvorstellung erschienen war, trug gegen Abend vor der Vorstellung eine einfache dunkle Hose und ein dunkles Hemd. Auch darin war er ihr unsagbar schön. Laura war aufgeregt wie nie, und bezaubert.

Sie zeichnete sich sein Gesicht auf. Mutig, mit einem dicken Bleistift: Es musste gelingen, nur so konnte sie etwas von ihm behalten. Sein Gesicht, auch einen Teil des Oberkörpers mit der weißen Jacke; dann schlug sie das Deckblatt des Zeichenblocks darüber. Niemand würde die Zeichnung sehen, niemand ihn. Sie wusste, den Dompteur hätten sie bestimmt »ihren Schwarm« genannt. Da sie ihn so festgehalten hatte im Bild, konnte sie ihn eben heimlich ganz für sich haben, aber sie sah ihn auch mit geschlossenen Auge. besonders beim langen zögerlichen Einschlafen.

Er kam nah, ganz dicht, noch näher. Klarer und schärfer, als von ihrem Zeichenblock her. Es war erregend, spannend wie auf dem Hochseil. Sie war über alle Maßen glücklich und es war gewaltig gefährlich. Wo war sie nur hingeraten, seitdem sie den Dompteur gesehen hatte? Zuhause war sie nicht mehr, auch wenn es noch so aussah. Hunger hatte sie keinen. Zuhören konnte sie nicht. Alle um sie her schienen gleich auszusehen. Ihre Vertrauten huschten nur vorüber, mit niemandem hatte sie mehr zu tun. Sie hörte immerzu diese raue feste, auch zärtliche Stimme, wie er mit den Katzen gesprochen hatte. Und sah den tiefschwarzen Blick, sah ihn, als ob er sich von den Katzen fort zu ihr hinwende.

Nur gut, dass der Dompteur mehr als ihr wirklicher Liebster ein Traum von einem Liebsten war. So konnte es nicht noch schlimmer werden. Der ungarische Dompteur, wie sie ihn sah, wild, der sich selber gewaltig bändigte. Er, der auch wilde Tiere zu bändigen imstande war. Das gehörte vielleicht zusammen. Er war in dieser ihr einmaligen Zirkusvorstellung aufgetreten in dem riesigen Zirkuszelt, in dieser Vorstellung, die sie mit den Eltern besucht hatte. Die ahnten ja nichts davon, was sich nun in ihr regte! Laura sollte mutig, heimlich, verzweifelt und alleine an den folgenden Abenden sich hinschleichen zu seinem Wohnwagen. Es tat furchtbar weh, ihn dort ungesehen wahrzunehmen, wie ein Zerrissenwerden, und das Weh war furchtbar schön. Wenn sie allzu aufgeregt wurde, hatte sie Angst, bemerkt zu werden. Dann lief sie nach Hause zurück, den weiten Weg zu Fuß, mehr als eine Stunde.

Nach einer Woche reiste der Zirkus ab, und der Dompteur trat nicht mehr derart dicht vor sie im Dunklen hin. Vor dem Einschlafen begann der schwerblütige Traum zu verblassen, obwohl es sehr schade um ihn war. Dennoch fühlte Laura in manchen Stunden Erleichterung, denn sie hörte nach und nach wieder, was die anderen sagten und dachten, und sie bekam zu ihrem Erstaunen ihren alten Appetit zurück. Es war natürlich lächerlich. Ja, lächerlich, so zu leiden und dann wieder Hunger zu haben. Besonders auf Brötchen und Erdbeermarmelade.

Die Zeichnung des Dompteurs in ihren einfachen, treffenden Linien, sollte Laura nach vierzig Jahren wieder zu Gesicht bekommen. Denn Johann W. hatte alle Zeichnungen seiner kleinen Tochter hinter einer Kommode versteckt. Eines Tages fand Laura eine Mappe hinter dieser Kommode und war überrascht. Sie rief sofort aus: „der Papa!“

Johann W. hatte es umsichtig ihr zuliebe getan, wissend, dass Wilhelmine Lauras Bilder fortschaffen würde, verbrennen in der Heizung im Keller. Er wusste schon lange, wann immer sie unnützes Zeug dachte und ihrer Leidenschaft der heimlichen

Vernichtung frönte. Das stand zu seinem Hang nach Reparaturen in klarer Opposition. Sie wusste: Was immer sie weggeworfen oder verbrannt hatte, stand zu nichts mehr an, weder zu Besprechung, noch zu Rettung.

Laura erinnerte sich bei der Ansicht des alten Blattes, wie atembeklemmend ihre erste Liebe gewesen war. Sie erkannte das ganze zerrende Gefühl wie filmsicher in sich aufbewahrt. Das festzustellen war zwiespältig, ebenso erschreckend wie erhebend, auch immer noch, ja, es war immer noch berauschend! Und – war es gerade deshalb auch so verheerend, zäh und betäubend gewesen, weil es eine Liebe war, die nicht stattgefunden hatte? Ständig nimmt die Sehnsucht zu, der nichts folgt. In der Wirklichkeit war ja nichts geschehen.

Sie fragte sich bei der Betrachtung des Blattes, ob Sehnsucht größer sei, als alles, was wirklich geschehen kann. Laura sah, dass ihr wilder ungarischer Dompteur kindlich brav gezeichnet war. Ein Mann mit stolzem Haupt, mongolischen Augen und eckigem Schnäuzer. Seinen Namen hatte sie nie erfahren. Wie gern hätte sie damals ein buntes Zirkusprogramm gehabt, in dem der Name gestanden hätte!

Ihr Traum, jener erste und heftigste, blieb unerfüllt. Was würde nun mit ihr und dem Zirkus werden, ihrem Seiltanz unter der Zirkuskuppel?

Und ob Johann, ihr Vater, jemals den erträumten Mercedes fahren würde? Vielleicht sogar einen Coupé SL 220, in Silber? Die Erfüllung auch seines Wunsches hatte jahrzehntelang in den Sternen gestanden, ohne nachzulassen. In jenen Sternen, die keiner lassen kann, zu betrachten.

Ja, was mochte er bloß tun, sich diesen Wunsch zu erfüllen?

Früher, als Laura noch nicht auf der Welt war und Johann W. mit dem „Horch“ seines Vaters beschäftigt, hatte er, ähnlich dem ihren vom wilden Dompteur, auch seinen Traum vom andern Geschlecht gehabt. Das große Begehren nach einer Frau, der einen, allen anderen unvergleichbaren.

Daneben aber weiterhin den Willen, seinen eigenen erträumten Wagen zu haben. Jetzt war dieser an die zweite Stelle gerückt, er wünschte sich einen Wagen, den er selber ausgesucht hätte, vor allem aber diese Frau, die auch er allein sich erkoren. Der Krieg hatte das erste unmöglich gemacht. Jetzt würde es keinen Mercedes für ihn geben.

Damals: Auf einmal, wie aus heiterem Himmel, war Wilhelmine aufgetaucht, die junge Dame aus einer fremden Stadt. Eine Fremde in seinem Viertel, ja, eine Dame, obwohl sie nebenan bei seiner Verwandtschaft in der Gastwirtschaft gelandet war. Eine mit einem Hauch Eleganz, mokant, lästerlich war sie auch. Sie hatte feine Hände und eine helle, leichte Stimme. Jedenfalls war die Stimme hell, als sie dort erschien. Ob aber der Himmel, aus welchem dem Manne das verwirrend Exotische herabweht, wirklich heiter ist, bleibt dahingestellt. Er hatte Wilhelmine, die aus dem heiteren Himmel kam, sofort angebetet und später mit aller Gewalt, gegen jeden Widerspruch geheiratet; und sie hatte es auch gewollt.

Laura, die begierig Geschichten aus der Zeit hörte, in der sie noch nicht geboren war, überlegte, wie ihrem Vater das gelungen war. Wenn sie selber an den Dompteur dachte, konnte sie sich nicht vorstellen, dass ein Mensch solche Liebes- und Heiratswünsche gegen seine Familie durchsetzen könne.

Aber ihr Vater Johann hatte es fertig gebracht.

Dass in Wahrheit die Umstände, wie Lauras zartes Alter, die Wahl eines Geliebten aus einem fahrenden Zirkus, also „ihrem“ Dompteur, der möglicherweise ohne ihr Wissen mit der Zirkusdirektorin verheiratet sein mochte, nicht dahin führen konnten, den Begehrten der Familie vorzustellen, leugnete Laura. Sie leugnete es leicht, da sie auf die Umstände nicht hinblickte. Was hatte sie mit solch simplen Schwierigkeiten zu tun! Ihre Liebe war groß wie der Ozean.

Oftmals ist bei der Wahl eines derart unmöglichen Geliebten als Wunsch der Wille zur Verhinderung der Wunscherfüllung gleich mit eingepackt. Dies hätte Laura nicht verstanden, und wäre es ihr aufgefallen, hätte sie es ebenso schnell geleugnet. Leugnen geht wunderbar, wenn Nachdenken abgestellt ist.

Eines war ihr klar: dass ihr Vater den Dompteur nicht gewollt hätte. Es hatte Tradition, der Großvater schon hatte Wilhelmine nicht gewollt. Er dachte vielleicht bei sich: Eine Hergelaufene, was weiß man schon von der? Und: Hat gar nix an de Füße. Was in der Umgangssprache hieß: sie besitzt nichts.

Ihre Mutter Wilhelmine aber hätte den Dompteur erst recht nicht gemocht, und sie hätte das gleiche gedacht, wie Lauras Großvater von ihr gedacht hatte.

Niemals hätte Laura ihren Wunsch gegen solche Vernunft durchsetzen können, auch nicht, wenn der Dompteur gewollt hätte. Ab diesen Tagen sollte sie das Vernünftige aus tiefstem Herzen hassen. Er aber, ihr Vater, hatte Wilhelmine gekriegt. Sie, die in seine Vorstadt, seinen Metzgerladen und überhaupt nicht passte, und nach der Heirat das vor manch einem offen aussprach – was Johann blamierte. Einmal sagte eine der Schwestern ihres Vaters zu Laura:

„Deine Mutter mag das alles nicht, aber das Klingeln der Kasse hat sie doch gern."

Wilhelmine war also mit dem, was sie ergattert hatte, unzufrieden. Sie, die der ganzen Familie mindestens so fremd vorgekommen war, wie Lauras Dompteur ihnen erschienen wäre, fremd wie eine Dompteuse!

„Spricht ein bisschen viel", hatte damals der Großvater über Wilhelmine gesagt. Und, ob sie denn gesund sei, sie sähe so zerbrechlich aus. Ob man denn eine solche ins Geschäft stecken könnte, hatte er sich dabei gedacht. Weil sein Sohn Johann aber beharrlich blieb, musste er sich in ein Einsehen fügen, forderte jedoch, dass sie eine Metzgerlehre mache. Das tat er mit Strenge, Würde und seinem schwarzen Blick, den Wilhelmine später immer »den stechenden« nannte. Zwar entsprach es nicht seinem Grundsatz, nämlich in allem Maß und Ziel zu haben, aber es war seines Sohnes offenbar unumstößliche Entscheidung. Er selber war auch nicht immer der Maxime von Maß und Ziel gerecht geworden.

Im Falle ihres Vaters war das Schicksal der Erfüllung des großen Liebeswunsches nicht abgeneigt gewesen. Aber die Leute sprachen doch oft vom grausamen Schicksal ... Johann hatte Wilhelmine erobert, und das Schicksal hatte nichts tun können, was dann dabei herausgekommen war, war eine andere Frage. Lauras Dompteur war nun abgereist, weg von ihr, bevor überhaupt etwas in Frage kam. Er war abgereist, ohne sie überhaupt zu bemerken. Das war selbstverständlich grausames Schicksal, wie es eben gewöhnlich handelte. Draußen sprachen sie beständig allgemein von diesem grausamen Schicksal, ob sie nun von den Kriegsverletzten redeten, von Müttern, die ihre Söhne im Felde verloren hatten, oder von Männern, denen die Frauen durchgebrannt waren.

War es für das, was Laura sich gewünscht hatte, einfach zu früh gewesen? Diese dummen Leute nannten sie einen »Backfisch«. Sie merkte, dass sie nichts frei für sich entscheiden konnte, als »so ein Backfisch«. Überall nichts als Schranken! Als ihr Dompteur aufgetaucht war, hatte sie es bemerkt, wo diese überall sich auftürmten, die Schranken, es war der reine Bretterwald.

Ich habe den Tigerbändiger aus ganzem Herzen geliebt, sagte sich Laura. Ich wollte mit ihm gehen. Wie hässlich die Welt ist, mit falschen Gesetzen und kleinlichen Regeln. Mit keinem sonst! Er war es, nur er. Nie würde es ein anderer sein!

Wieder sah sie das wilde, gebändigte Gesicht mit dem schwarzen Schnäuzer vor sich, sie sah auch seine feste Figur, vor allem die Beine, die Oberschenkel. Wie er sich bewegte, das alles war es natürlich auch gewesen, was seine Wildkatzen in ihn verliebt gemacht hatte.

Am Ende aber wäre es auch später nicht gegangen. Er hätte sie vielleicht gar nicht gewollt. Diesen Gedanken verwarf sie sofort in hohem Bogen. Aber allmählich traute sie sich, sogenannte nüchterne Gedanken zu haben. Nur, wie erbärmlich waren sie gegen ihr Gefühl! Laura zählte sich säuberlich auf, was es auf der Welt alles gibt gegen die Liebe. Es gibt so viele Möglichkeiten, die machen, dass ein von ihr entfachter Mensch seine Liebe nicht kriegt. Das übersah sie gern, aber sie wusste es doch.

Den Dompteur in die Familie zu bringen, wäre erst einmal schrecklich schwer gewesen, und dann kam auch noch zweitens: Hätte der Dompteur es zu Hause bei ihnen in ihrem Wohnzimmer schön gefunden? Er, der an die Arena und die Ställe mit den Wildkatzen gewöhnt war, jeden Abend ein tolles buntes Licht, und diese Lichtbündel auch, die unter dem Zelt herumfuhren. Das galt ihm – und dazu die fantastische Musik des Orchesters auf der Empore!

Laura fühlte, wie einem ganz schwer und dumpf vor Sehnsucht werden kann. Vor einem stehen, ihn ganz begehren, ihn oder gerade das, was nicht geht. Sie fühlte sich an wie ein Klumpen. Sie, die doch eine so leichte Seiltänzerin hatte werden wollen.

Es ist mir unheimlich, das Leben, dachte sie. Vielleicht ist es aus etwas Düsterem gemacht, von dem ich bisher nichts weiß. Da ist eine fremde Gewalt, gegen die man nichts machen kann. Die andern Menschen wissen alle alles besser. Darum war es plötzlich so düster, überall.

Laura stand vor einer massiven Wand, die aus allen anderen gemacht schien, sie hätte alle diese Anderen hassen mögen. Aber der Geliebte befand sich vielleicht sogar unter ihnen? Auch er konnte ja gegen sie sein. Wie mühsam, alle hassen zu müssen. Davon wurde man noch schwermütiger, und während innen das alles tobte, war man gleichzeitig äußerlich wie ohnmächtig. Es war die Wand vor ihr, mit der sie nicht gerechnet hatte. Laura sollte diese dunkle Wand mit der Zeit vertraut werden. Vielleicht war sie es, die mit grausamem Schicksal gemeint war. Aber Schicksal hin oder her, Laura war eine, die sich jedes Mal vor der Wand wieder furchtbar aufregen würde. Und nie begreifen, dass man bei solchem inneren Feuer, solcher Aufregung gleichzeitig ohnmächtig ist.

Mit niemandem konnte sie darüber sprechen. Sie glaubte, dass eigentlich sie allein solches zu tragen habe. Die andern waren doch gar nicht fähig dazu, sie redeten von Geschäften, als ob nichts wäre.

Wie aber war eingetreten, dass das Schicksal ihres Vaters Liebeswunsch erfüllt hatte? Und als ein wirklich einmaliger Wunsch sollte er sich herausstellen; Johann W. würde nie wieder eine Frau so lieben wie seine Wilhelmine. Auch, wenn er vorausgesehen hätte, was die Geschichte mit ihm anrichten würde, hätte er nur Wilhelmine geliebt.

Der Tochter erste Gedanken über die Liebe

Laura überlegte: Was ist es, das Liebenmüssen? Ob gar sein tiefster Wunsch nach Wilhelmine dem entsprach, was das Schicksal mit ihm vorgehabt hatte? Es war ja so auf ihn zugekommen, diese und keine andre. Obwohl er die Wahl hatte; auch eine der reichen Hoteltöchter aus der Stadt hätte er wählen können. Aber er hatte eben eigentlich keine Wahl.

Sie erzählten es in der Familie immer wieder: Er war der jungen Dame, deren Gestalt so fein war, die feineres Deutsch sprach, als habe sie es aus Büchern genommen, nebenan in der Gastwirtschaft bei der Tante begegnet. Gerade er, der kaum ein Wort Hochdeutsch sprach. Dort war sie zu Besuch gewesen, sie hatte in einem teuren Modehaus in Westfalen gelernt, die Tante war die Schwester ihrer früh verstorbenen Mutter, sozusagen eine Vize-Mutter. Sie hatte gut gelernt und gute Zeugnisse, aber sie hatte keine Arbeit. Man hatte sie aus dem Modehaus in einer fremden Stadt entlassen müssen. In der Gastwirtschaft der Tante hatte sie sich sicher und behende bewegt, sie wusste, dass sie eine begehrte junge Frau war, elegant, gewitzt, sich bewegt wie eine schöne Filmschauspielerin. Laura sah sie genau so vor sich und bewunderte sie wie ihr Vater. Und dabei hatte sie die Gäste bedient, servierte, spülte die Gläser. Sie konnte sich genau vorstellen, wie ihre Mutter charmant gelacht hatte und ihre sonderbaren, auch ironischen Witze gemacht, wie sie mit Studenten geflirtet und das gebildetere Publikum bevorzugt hatte.

Die andern werden gesagt haben: Die ist „wie hereingeschneit", dachte Laura. Sie sah die geliebte Mutter in ihrer hellen dünnen Haut, mit den zarten Füßen und Händen, mit ihren schönen Locken.

Ja, im Viertel hatten sie vernommen, die Geschichte der Wilhelmine sei traurig, eine Waise, sogar „Vollwaise". Ihr Vater im ersten Weltkrieg gefallen, als sie nur vier Jahre alt war, und ihre Mutter sei gestorben, als sie gerade vierzehn wurde. Aber keck, fremd und hübsch war sie doch.

Wilhelmine, ja, irgendwie so, dass es zu der traurigen Geschichte gar nicht passte. Und Laura dachte sich: Sie ist eben stolz ... Arm und stolz.

Wie sie in der Gastwirtschaft herumgegangen war, mit Pumps und schönen Beinen in Seidenstrümpfen, leicht. Das war allen aufgefallen.

Und dann hatte sie auch noch gesungen. Und gern getanzt, manchmal auf dem gescheuerten Holztisch! Und gewiss war sie in die Liebe verliebt, wie all die schönen Schauspielerinnen, die Laura manchmal in Filmen sah. Ja, wie so eine »Filmlegende«, und was hatte sie auch sonst gehabt. Das Größte war ja ohnehin die Liebe. Laura wusste es, seitdem sie den Dompteur erblickt hatte. Dass sie als Kind den schielenden dünnen Karl mit Lederhose und Hosenträgern geliebt und vor der Mutter behauptet hatte, sie werde den heiraten, war längst vergessen; das war Kinderkram.

Ja, die Liebe, die haute einen um wie ein Orkan.

Der größte Teil des Publikums passte ihr nicht, war ihr zu grob und zu vulgär, erzählte Wilhelmine der jungen Laura. Aber sie hatte das versteckt, sie erzählte auch viel von Geldsorgen und nannte ihren Zustand damals »Existenzangst«. Aber frech war sie gewesen, hatte, wie sie behauptete: Zivilcourage. Das Wort gefiel Laura. Wo tanzt schon eine Fremde in einer Vorstadt-Gastwirtschaft auf dem Tisch? War das denn wahr, oder nur zu Karneval? Mamas scharfes Hochdeutsch musste überheblich geklungen haben in den verrauchten Räumen; man aß rheinische einfache Gerichte, die Handwerker tranken an der Theke ihr Bier. Aber sie wusste, auch einige Akademiker aus den umliegenden Fabriken, Chemiker und Ingenieure, auch Prokuristen besuchten die Gastwirtschaft.

Laura merkte, dass ihre Mutter mit ihnen und den Studenten am liebsten getanzt, getrunken und gelacht hatte. Sie sprach von einem Doktor Bonnermann, der stets »Wilhelminchen« zu ihr gesagt habe. Und dann war da auch noch der Chemiker Raumer, der sehr gut aussah. Großgewachsen, blond, festes Gesicht und dichtes Haar. Der einen ganz roten Kopf bekam, wenn er den Laden von Johann betrat und Wilhelmine hinter der Theke erschien. Am rasantesten aber war der fesche Architekt gewesen; Laura sah ihn oft zu Hause oder im Zimmerchen neben dem Laden. Er besuchte Wilhelmine und Johann. Aber eigentlich bald nur noch Wilhelmine. Er war ein schlanker Mann mit wunderbaren Manieren, gleich Wilhelmine »wie aus einem Film«. Wenn sie sich Blicke zuwarfen, war es ungeheuerlich spannend. Laura sah manchmal heimlich gebannt durch die Tür zum Flur auf ihre Mutter und den Gast. Es imponierte ihr, dass der so auffallend rasante Gast offenbar in ihre Mutter verliebt war; es war so unwirklich, als ob es da gar nicht stattfinden könnte, wo es stattfand. Wilhelmine hatte dann, wie Laura zwiespältig in ihrem Innern bemerkte: „Schlafzimmeraugen“.

Sie küssten sich im Flur, hastig, aber begehrlich. Wenn Laura das Wort Schlafzimmeraugen dachte, konnte sie plötzlich die hoch verehrte Mutter gleichzeitig nicht leiden. Aber auch das, ihre Augen, war wie im Film.

Ein Filmpaar im engen Flur hinter einem Metzgerladen.

Die Tante Wilhelmines hatte den Gastwirt nebenan geheiratet. Das war viele Jahre her; und Wilhelmine hatte der Tante angeboten, als sie selber arbeitslos geworden war, ihr zu helfen. So hatte sie eine Unterkunft in der ihr fremden Stadt. Der Gastwirt, ihr Onkel, war ein Trinker, aber ihrer Tante ein zärtlicher Ehemann. Er war einverstanden gewesen. Er begann auch, auf die junge Wilhelmine etwas aufzupassen. Diese wusste, dass er gutmütig war und lachte ihn an. Scherzte sie aber zu heftig mit den Gästen an den Tischen, rief er sie in die Küche und wurde streng im Wort.

„Weißt du", hatte die Tante einmal zu Wilhelmine gesagt, indem sie ihr erklären wollte, warum sie ihn trotz der Trunksucht gern mochte und zu ihm hielt: „Der fängt bei den Füßen an." Laura hatte es gehört und dachte oft darüber nach. Was hatte die Tante gemeint? Der Onkel war schmal und klug; war er im hinteren, nie gesehenen Schlafzimmer sehr zärtlich? Bei den Füßen an ... zu liebkosen? Sie wusste irgendwie, das musste für eine Frau etwas sehr Wichtiges sein, denn die Grobiane in der Gastwirtschaft mochte auch Laura auch nicht, sie hatten grobe Hände, sie fingen gewiss nicht »bei den Füßen an«.

Wenn der Onkel abends zu lange fortblieb, hatte die Tante Angst, er würde das Geld in fremden Gastwirtschaften durchbringen. Er war natürlich im Krieg gewesen, wie alle seines Alters. Hatte er danach zu trinken begonnen? Das Ehepaar hatte einen Sohn mit dicken Lippen und quängeliger Stimme. Dieser Sohn war der Tante Sonnenschein, geriet auch in den Krieg und in Gefangenschaft. Später übernahm er die Gastwirtschaft und wurde reich – wie seine Vorfahren.

Die Tante Wilhelmines war ordentlich, pünktlich, damenhaft und penibel, vor allem aber sehr elegant – auch sie war im Viertel schon aufgefallen. Sie war respektiert, die gestrenge Dame, sie trank niemals etwas Alkoholisches und hatte feste Ansichten und Absichten. Juden mochte sie nicht, obwohl sie keinen Juden kannte. „Die reiben sich immer die Hände und denken an Geld“, sagte sie zu Wilhelmine.

Als Wilhelmines Tante in hohem Alter starb, war sie mehrfache Millionärin. Umsichtig und zielstrebig waren sie und ihr Sohn gewesen, gescheit verwaltend die Einkünfte der Gastwirtschaft. Ihr Mann, der Trinker, starb früh an Kehlkopfkrebs; sie stand weiter dem Geschäft vor; sich Hände zu reiben wäre ihr nicht eingefallen.

Die Tante kleidete sich kundig, geschmackvoll, aufwendig. Eleganz, feine Stoffe, Pelzmäntel von Wert. Ihrem Sohn, der eine ihr verhasste schöne Tochter aus dem tiefer gelegenen, eher sehr einfachen Viertel geehelicht hatte, konnte sie einiges vormachen und dann einiges vermachen. Laura fragte sich, warum sie die hübsche Schwiegertochter, die aussah wie eine rasante Italienerin, sehr südlich wie oft die Mädchen im Rheinland, nicht mochte. Laura liebte schöne Menschen und fand, dass schöne Menschen zur Liebe wohl mehr taugten. Sie sahen auch eher sinnlich aus als die nur arbeitsamen, und letztere hatten gewiss einen Mangel an Fantasie, was sich in ihren Zügen als Karges zeigte.

Der Sohn mit den dicken Lippen vermehrte das Vermögen um einige Häuser, die er vermietete.

Gelesen wurde in dieser Familie nicht. Wilhelmine, die sich mit Mode und Weltliteratur befasste, war im Grunde nichts als die arme Verwandte aus der alten Heimat. Die dezente Tante hatte das Waisenkind dort schon in seiner Jugend betreut, Wilhelmine, deren Vater aus besseren Kreisen stammte und mit dreißig Jahren in Nogent gefallen war. Wilhelmine sah in ihr ein zwiespältiges Vorbild aus alter Verwandter und Geizkragen; die Tante ging im Ornat ihrer zuletzt angeschafften Garderobe an den Rheinufern täglich spazieren, bevor sie die Gastwirtschaft eröffnete. Sie gönnte hauptsächlich sich selber etwas. Und ja, sie hatte einen ausgezeichneten Ruf, sie sah gleichermaßen auf Gesundheit, wie auf wachsendes Ansehen, was Wilhelmine eher zu sarkastischen Bemerkungen reizte.

Diese konnte sie nur vor Laura äußern, und Laura stand bald all diesen Personen mit innerem Zwiespalt gegenüber, allen, die mit dem Sarkasmus ihrer Mama dekoriert worden waren. Die Tante war sicher ehemals auch als fremdartige Erscheinung in das ländliche Vorstadtviertel gekommen; sie hatte sich als tüchtige Geschäftsfrau erwiesen, etwas, das hier geschätzt wurde.

An die Gastwirtschaft angrenzend gab es vor dem Kriege einen großen Biergarten und ein Ballhaus. Das alles gehörte Johanns Verwandten. Ein großes Festhaus, das in der Stadt berühmt war. Hier fanden Aufführungen kleiner Theaterstücke und die großen Bälle der in der Innenstadt situierten Kunstschule statt. Wilhelmine genoss gewiss in ihrer Jugend diese Feiern, sie lächelte Schauspieler, Künstler und Studenten an und sah sich bei wohlhabenden Leuten untergebracht.

Das hob jedoch ihre eigene Armut nicht auf.

Laura versuchte, die Mutter zu verstehen. Die erzählte ihr: „Ja, ich fuhr mit ihnen in dem Horch zu schönen Restaurants und Cafés. Aber ich hatte keinen Groschen für die Klofrau."

Oder: „Kind, du weißt nicht, wie das ist, wenn man gar keinen vorzuweisen hat, weder Vater noch Mutter ...Wenn keiner erkennen kann, wo man herkommt."

Laura empfand ihr das nach, und sie fühlte genau, was ein armer Mensch den Reichen gegenüber fühlt.

Das Anwesen und die Gastwirtschaft, in der Wilhelmine aushalf und in der Johann verkehrte, hatten zuletzt dem Verwandten Johanns gehört; der in einem KZ umgekommen war. Er hatte wütende Briefe an den Führer Adolf Hitler geschrieben und war abgeholt worden. Der Besitz war zu dieser Zeit einer der namhaften der Stadt gewesen, jeder Taxichauffeur kannte die Adresse. Nach Verlusten, dem Tod von Johanns Onkel im KZ und der Zerstörung des Ballsaals durch Bomben, war der Rest des Besitzes nach dem Krieg nur noch das, was die Besitzer selber eine »bürgerliche gepflegte Gastwirtschaft« nannten. Abends hörte man Schallplatten; manchmal wurde vor der

Theke getanzt, so wie man es in Frankreich in den Bistros tut. Es gab ein Stammpublikum, und man kannte sich aus dem Viertel. Die Tante hielt weiter auf Disziplin, selbst betrunkene Gäste wurden nicht auffällig. Aber manchmal sangen sie die Lieder der Schallplatten alle zusammen mit und waren beschwipst; wenn sie beschwipst waren, waren sie glücklicher. Opern, Operetten und freche Schlager hörte Laura als Kind oben im Bett im Nachbarhaus die Leute nebenan singen.

Auch im Krieg hatten sie in dieser Wirtschaft zusammengesessen, bevor die Sirenen losgeheult hatten. Dann war man noch schnell nach Hause geeilt, oder in den Keller der Tante, die enge Treppe hinunter, eilig, ängstlich.

Laura fragte sich, ob sich in diesen Zeiten der Angst auch die Menschen ineinander verliebt hatten. Ihre Mutter hatte ja diesen Satz gesagt; sie wusste nicht, woher er kam, aber fand ihn schneidig:

„Lasst uns den Krieg genießen, der Friede wird grausam sein!"

Alles war jedenfalls irgendwie wohl außerhalb der Regeln gewesen oder geworden, das Leben stand sicher näher am Tod, es wurde um das Leben gefürchtet. Die Zeit konnte jedem plötzlich enger bemessen sein. Wenn die Liebe das Größte ist, dachte Laura, ob sie dann noch viel davon ergattern wollten?

Das wilde Nachkriegsleben, Arbeit und Rückblick

Johann W. hatte sich entschieden. Jetzt musste angepackt werden, so abgespannt man auch war. Es musste weitergehen, Nahrung her, Dach über dem Kopf. Es war mehr zu tun denn je in seinem Leben, und das war noch nie arm an Arbeit gewesen.

Aber es gab auch die lustigen Stunden, nach denen man sich so gesehnt hatte. Nach dem Krieg stellte sich das Publikum in der Gastwirtschaft langsam wieder ein, als die Schäden auch an diesem Haus behoben waren. Vom städtischen Sinfonieorchester verirrten sich manchmal Musiker in diese eher ländliche Gastwirtschaft, auch manch anderer Besucher kam jetzt als »Hereingeschneiter«, zum Beispiel ein berühmter Trompeter mit rundem Kopf und rundlicher Gestalt. Er spielte Wilhelmine klassische Lieder vor, sie sang ganz ungeniert dazu, wenn sie das Lied kannte.

„Der Trompeter aus dem Sinfonieorchester", sagten die Handwerker, „hat sich in die Wilhelmine verknallt."

Laura fand in ihrem Bett des Nachts die laute Trompeterei und das Geschmetter ihrer Mutter einerseits schrecklich, andererseits sehr imponierend. Sie hatte auch einmal den Trompeter, einen Musikprofessor, gesehen, wie er entgeistert ihre Mutter angestarrt hatte.

Sie sah auch, dass er, eben rundlich von Kopf und Gestalt, dabei ziemlich klein, bei ihr wohl nicht zu Erfolg kommen könne, wenngleich berühmt.

Und dann dachte Laura: Wenn der nach Haus' kommt zu seiner Frau, ist der sicher ganz durcheinander.

Der Wirt, Lauras Onkel, hatte im Schlafzimmer zu verschwinden, wenn er betrunken war; seine Frau schickte ihn hinauf. Er hatte dann schon »die richtige Bettschwere«, er nahm es hin.

„Einer muss ja alles zusammenhalten", sagte die Tante zu Wilhelmine.

Die Tante ließ nur zu, was in ihre Auffassung von gesetztem bürgerlichen Rahmen passte. Also musste der betrunkene Mann hinauf.

Der Trompeter dagegen durfte bleiben, weil er berühmt war. Auch, wenn es bei seinen Besuchen schrecklich laut wurde. Die Trompete war bis nach Mitternacht in der ganzen Nachbarschaft zu hören, und dazu auf der Straße auch Wilhelmines Stimme.

An einem der Abende weit vor der Sache mit dem Trompeter und dem Geschmetter hatte Johann seine Wilhelmine hinter der Schanktheke sicher auch so entdeckt; sein Hingerissensein von ihr war dem des Trompeters nicht unähnlich, dachte sich Laura.

Nur konnte dieser kräftige Töne ausstoßen und dann in sein sicheres Zuhause zurückgehen.

Wilhelmine, die Besondere, hinter einer Schanktheke. Das heißt, dort, wo sie ihrer Ansicht nach nicht hingehörte. Später dachte sie das Gleiche von der Theke der Metzgerei, aber immerhin war sie hier die Herrin des Hauses geworden. Manchmal rügte sie ihr Leben vor anderen laut und offen. Aber dieses Leben verfügte über viele vergnügliche Abende weiterhin, durch die Gastwirtschaft der Tante. Man konnte also behaupten: Gleich neben seinem Vaterhaus, in dem er groß geworden war, war später Johanns große Liebe aufgetaucht. Er hatte sie gewiss angestrahlt mit seinen besonderen blauen Augen, und auch sie war davon nicht unberührt geblieben. Er hatte sein Bier getrunken und nichts gesagt. Auf der Stelle hatte er diese Wilhelmine für immer auserkoren.

Dabei hatte Johann dann ganz vergessen, dass es in der Stadt doch diese zwei reichen Hotelbesitzers-Töchter gab, auf die seines Vaters Blick als Auswahl für seinen Johann gefallen war, ein Blick, getragen von gewissen Ansichten, was Herkunft und Besitz betraf. Sie, diese Damen, galten ihm als die passenden Damen für seinen Sohn. Auch hatte man schon Ausflüge miteinander gemacht, man sah auf Fotos den sehr eleganten Johann auf dem Trittbrett des Horch und die Damen auf den Kühler drapiert. Entweder die eine oder die andere, das sollte Johann selber entscheiden dürfen. Und so hatte man die bekannten Landpartien miteinander gemacht, die Johanns Vater arrangiert hatte. Am Rhein entlang, zu einem berühmten Hotel mit Tanzlokal und großer Terrasse, oder man war irgendwo im Wiesengrund mit einem Picknick gelandet. Die Damen ihrerseits hatten bestimmte Blicke auf den zwar schweigsamen, schüchternen, aber recht gut aussehenden Johann geworfen und hatten beide mit ihm getanzt; er tanzte ausgezeichnet.

Johann trug bei manchen Ausflügen einen Borsalino und Nadelstreifenanzug, wie man es später in italienischen Filmen an Ganoven und Mafiabossen sah. Bevor man diese Filme gesehen hatte, trugen reiche deutsche Bürgersöhne die gleichen Sachen. Johann war auch so auf einigen Fotos mit den Damen zu sehen, zum Beispiel mit seinem Fuß auf dem Trittbrett des Horch, einmal stand auch eine der Damen neben ihm, und die andere schaute aus dem Wagen, ihre Hand elegant auf das Lenkrad gelegt.

Es war ihnen recht angenehm, wenn Johann mit dem Wagen vor ihrem Haus vorfuhr und sie abholte. Ein feiner junger Mann. Das alles war auch dem Vater der Damen recht gewesen, denn der Anwärter war Sohn eines Besitzers zweier Geschäfte und zweier Häuser, eines der Gebäude ein großes Mietshaus mit superber Jugendstilfassade. Früher einmal hatte dieses der rheinischen Familie Boisserée gehört, von der es erworben wurde, noch früher hatte es ein Rothschild besessen.

So wären also, hätte Johann sich an eine der Hoteltöchter gehalten, zur Beruhigung zweier planender Väter zwei schöne Vermögen zusammengekommen.

Aber da war plötzlich nichts mehr zu machen.

Johanns eigener Kopf

Johann war, als er Wilhelmine in der Gastwirtschaft erblickt hatte, für vernünftige Zusammenfügungen untauglich geworden. Mit seinem klaren Blick und seiner gefürchteten ehernen Beharrlichkeit war er zuerst Wilhelmine, dann seiner Familie gegenübergetreten. Dem gestrengen Vater, den Johann gewöhnlich fürchtete, war er plötzlich stur und unverrückbar erschienen.

Nun kam Wilhelmine von nebenan mit zu den Sonntagsausflügen und Landpartien. Auch Johann W.'s reicher Freund Heribert musste sie kennenlernen. Sie machte diesem schöne Augen und scherzte. Er war ein schlagfertiger schmaler Mann mit großer Villa im besten Viertel der Stadt, das an das ländliche des Johann W. angrenzte, das wusste sie. Er und Johann kannten sich von Jugend an. Wilhelmine trug bei den Ausflügen die herübergeretteten Complets, feinen Schuhe, feschen Hüte, eng anliegende Kleider und elegante Mäntel. Dass sie arm sei, hätte ein Uneingeweihter für unvorstellbar gehalten.

Die Schwester ihrer Tante war in der fernen Stadt Schneiderin, dann Direktrice eines bekannten Modehauses gewesen. Dort hatte Wilhelmine ihre Lehre gemacht. Sie war von der Tante nobel ausgestattet worden und hatte sich für ihr ganzes Leben perfekte Kenntnisse über Stoffe, Schnitte, die erste Qualität von Bekleidung erworben. Kenntnisse und Fertigkeiten, die in dieser Epoche für eine Dame der Gesellschaft wichtig waren, aber auch für eine Dame, die sich selber helfen wollte.

Heribert aber war verlobt mit einer sinnlichen blonden jungen Frau, die schöne Lippen hatte und von der eine laszive Ruhe ausging. Auch deren Eleganz war nicht von schlechten Eltern. Jedenfalls hatte er sie bevorzugt.

Niemand sah es, aber ihre Armut brannte in Wilhemines Innerem.

Die schönen Kleider aus den besseren Zeiten vermochten etwas die Lage zu retten, aber verschafften sie ihr am Ende eine gute Existenz, Familie, Ansehen, Kinder? Bildung hatte sie außer aus den Büchern ihres Großvaters nicht erwerben können, und aller Besitz in ihrer Heimatstadt war verloren gegangen.

Viel später, als sie Sicherheiten mit ihren Planungen erreicht hatte, sollte Wilhelmine Laura erzählen:

„Ich konnte bei diesen Ausflügen nicht einmal die Toilettenfrau bezahlen. Es war mir so peinlich."

Laura sah sie gerührt und aufmerksam an. Wilhelmine fügte noch trocken hinzu:

„Wenn man keine Eltern hat, kann sich keiner vorstellen, woher man kommt."

Dann sagte sie, matt: „Es ist, als ob man sich nicht ausweisen könnte."

Laura fragte nicht, wieso die reichere Tante von nebenan ihrer Mutter kein Geld für die Toilettenfrau mitgegeben hatte; sie war noch nicht so weit, sich beim Zuhören Fragen zu stellen, versuchte vielmehr, sich in ihre arme Mutter hineinzuversetzen. Sie begann, die Familie ihres Vaters grausam zu finden.

Wilhelmine W.'s Jetzt und Damals

Das Schicksal, ob grausam oder nicht, kann nicht erkannt werden. Sein Rat ist fest, sein Sinn bleibt verborgen. Wenn seine Taten vollbracht sind, erst lange nach dem Geschehen, gut oder grausam, zeigen sich Zeichen seiner Handschrift.

Das Schicksal hatte beschlossen, dass Johann W. an das Unglück seiner Frau gekoppelt sein sollte, vielleicht sogar daran zugrunde gehen. Der einfache Mann, der alle Aussicht hatte, durch Redlichkeit und Vorwärtsstreben, Fleiß und Kalkulation, durch ein klares Gesicht und schöne blaue Augen zu reüssieren, mit der Sympathie, die er verbreitete, auch selber Freude zu haben, verfügte jetzt über kein Mittel mehr, sich zu schützen.

Johann W. hatte seinen Willen bekommen. Und man sagt ja im Volk so gern: Des Menschen Wille ist sein Himmelreich. Wer aber erkennt schon das, was er unbedingt will, bevor er es hat? Niemand hatte den Eindruck, dass er seinen Willen bereute. Aber dazu hatte auch das Leiden gehört, dem seine Entscheidung folgte – und wäre es nicht das, dann wäre es ein andres Leiden gewesen. In seinem Viertel sagte man: Wo nichts ist, da wohnt keiner.

Er träumte von seinem Mercedes im Geheimen. Und er würde dafür sparen. Hierin konnte kein Unglück geschehen, dachte er. So eine schöne Limousine, die macht doch jeden Mann glücklich. Und er wusste, was es mit diesem berühmten deutschen Wagen auf sich hatte, denn er verstand nun mal etwas von Autos und deren Innereien, so wie von Maschinen, ihren Erfindern, der Maschinen Zuverlässigkeit. Zudem war der Innenraum eines edlen Autos mit Ledersitzen und schönem Lenkrad wie eine vornehme Wohnstatt auf Rädern. Und nicht zuletzt, er würde den Wagen lenken, er und nur er allein.

Wenn seine Frau eine stille Stunde in der Küche beim Bügeln hatte, sang sie:

Wenn ich den Wand'rer frage:
Wo kommst du her?
Von Hause, von Hause,
Spricht er und seufzet schwer.
Wenn ich den Landmann frage:
Wo gehst du hin?
Nach Hause, nach Hause,
Spricht er mit leichtem Sinn.
Wenn ich den Freund nun frage,
Wo blüht dein Glück?
Im Hause, im Hause,
Spricht er mit frohem Blick.
Und wenn ihr mich nun fraget:
Was drückt dich schwer?
Ich kann nicht nach Hause,
Hab keine Heimat mehr ...

Wenn Laura sie so singen hörte, wurde sie mit ihr schwermütig. Das war eine Schwermut, welcher kein Mercedes helfen konnte. Sie fühlte: Das war wohl ihrer Mutter, dieses Waisenkindes Schmerz: Hab keine Heimat mehr ...

Das deutsche Wort »Heimat«, das es in anderen Sprachen nicht gibt, erfasste das Mädchen nachdenklich in seiner ganzen Bedeutung. Sie erkannte, dass ihre Mutter diese verloren hatte, die Heimat. Da war niemand mehr.

Johann musste es auch zuweilen gefühlt haben, dass Wilhelmine nicht hierher gehörte, auch wenn sie ihm gefolgt war und ihn geheiratet hatte. Vielleicht hatte er sie beschützen wollen. Oder in seiner Liebe steckte vielleicht ein Todesbeschluss – wer von den Verliebten ahnt solches schon? Auch er hatte eine schwermütige Seite, auch seine Mutter war jung gestorben. Der schöne Traum soll eine Erlösung, kann aber immer auch eine Falle sein. Johann W. unterstand vielleicht einem geheimen Todesbeschluss, der jedem, der ihn wahrnimmt, düster erscheint – aber der Beschluss wird selten wahrgenommen. Es war noch nicht düster genug. Will einer etwas davon verstehen, muss er noch weiter, weiter gehen, noch mehr ins Dunkle dringen. Es scheint manchem mehr und mehr so, als habe das Verstehen gar keine endgültige Grenze; als bliebe das Leben dunkel, die Wahrheit bis zu einer ungenannten Frist im Unfasslichen.

Sie, Wilhelmine, das hergereiste Mädchen, sollte ihn lange überleben.

Es würde nichts nutzen, nichts würde ihr, der früh Zerschlagenen, im Leben glaubbares Glück einbringen. Aber sie selber verschaffte sich Glanz, so gut es ging, und sie tat ihre Pflicht, was sie unangreifbar machte. Sie hatte einen eisernen Überlebenswillen, denn sie war mit Sterbenden groß geworden. Sie würde zwar kein Star werden, aber insgeheim ihren Stolz wahren, sich an allen rächen, die ihr begegneten und die ihr selbst nicht als gemäß erschienen. Ihm, Johann, würde die Liebe zu ihr auch keine Ruhe einbringen. Bis auf die Genugtuung, dass er sie bekommen hatte.

Oder weiß auf dieser Welt keiner, was ein wahrer Nutzen ist, und weiß auch keiner, was ihm bleibendes Glück einbringen könnte?

Wenn Johann W. gefühlt hätte, dass das Unglück seiner Wilhelmine als Damoklesschwert über ihm hing seit dem Tag der ersten Begegnung, wie hätte er es glauben können? Wie hätte er, mehr noch, glauben können, dass er ihr begegnen musste, um an ihrem Unglück teilzunehmen?

Als er endlich gestorben war, der fleißige Mann, rief seine Lieblingsschwester aus:

„Habt ihr ihn endlich kaputtgekriegt mit dem ganzen Getue?"

Laura verstand das, es machte ihr zu schaffen.

Aber in ihrem Innern wusste die Schwester, dass Wilhelmines großes frühes eigenes Unglück all dem vorausgegangen war, Wilhelmine gewiss selber zu einem hohlen Leben bestimmt hatte. Zuviel und Zufrüh eines schweren Schicksals, das das Durchdringen auch geringen Lichts häufig vereitelt.

Unglück ist es auch zuweilen, das einem Kind den Verstand verdirbt.

Und sie, Wilhelmine, wollte sie Johann schaden? Sie sah in seine blauen Murmelaugen, von diesen angetan wie jeder andere, erst harmlos, dann hämisch. Wie es eben ihre Art geworden war. Ihre Art, über die sie längst die Direktion verloren hatte.

Jedoch die geringen Harmlosigkeiten, die wie ein ferner Schimmer manchmal aus einer ihrer Handlungen, einem Blick noch leuchteten, gaben ihr etwas Reines, ja Engelhaftes. Dieses Reine, neben ihrer gezielten Raffinesse, wenn diese erst erkannt war, erschien unglaubwürdig, oder verwirrte die Umgebenden.

So musste manch einer sie als eine Schlechte betrachten, oder die kalte Rachsucht als ihren stärksten Wesenszug; was aber ist »eine Schlechte«? Johann hatte sie hinter dem Schanktisch als das zarte Geschöpf gefühlt, das sie war und das sie hätte sein können, wenn nur das allzu frühe Pech ihre Zartheit nicht vergiftet hätte. Er fühlte sie wie eine Unversehrte, sie, die Zerfressene. Wilhelmine, wie sie vor dem Zuschlagen des Schicksals vielleicht angelegt gewesen war. Ihr tiefes Wesen, wovon ihre Gesten weicher Anmut immer noch sprachen. Er sah die Waise, er hörte ihr helles Lachen. Das schon Lackierte, hinter dem sie ihr Unglück vor allen, auch vor sich selber versteckte, nahm er als ihren Glanz wahr. Und wer will schon sagen, ob dies nicht gerecht war?

Er wollte sie haben, für immer bei sich haben. Nie gab er es auf, sie haben zu wollen. Er glaubte dem verlorenen Engel, den er sah.

Dem Engel, der noch immer ein wenig aus ihr leuchtete.

Wilhelmine war arbeitslos gewesen, die Zeiten wurden noch schlechter. Sie war arm, aber sah klug und wohlgeraten aus, als stamme sie aus besserem Haus. Wenn auch Eltern und Haus verschollen waren, sie hatte dies Guterzogene von ihrem strengen Großvater beibehalten, er hatte auch für ihr gutes Deutsch gesorgt. Wenn sie sprach, hörte jeder, dass sie gebildet war, gescheit, vernünftige Sätze formte und viel gelesen hatte. Ihre Witze aber schienen oft schlüpfrig, einen Hohn auf das Erfahrne darzustellen. Ihr sonderbar glänzendes Auftrumpfen noch mehr. Sie war fein, verstand auch, das zu betonen. Dann aber erzählte sie in Zweideutigkeiten, die den Zuhörer irritierten. Sie erwähnte, in ihrer Heimatstadt hätten ihr Vater, auch schon der Großvater, eine Destille geführt. Laura fielen später ihre bunten Bols-Liköre dazu ein. Waren sie Reminiszenzen gewesen? Wilhelmines Großvater, der Freimaurer, stand auf den Fotos korrekt und streng. Manchmal war ein Schriftzug der Freimaurer darunter: »Bruder ...« und sein Name. „Der Großvater ist in die Loge zum hellen Licht gegangen", habe ihre Großmutter oft gesagt. Von Ritualen erzählte sie, und als der Großvater gestorben sei, hätten ihm die Freimaurer-Brüder die tote Hand geküsst.

Wilhelmines Vater sah auf den alten Fotos rasant, schneidig, gut aussehend und unangenehm streng aus. Wilhelmine hatte Laura erzählt:

„Er war Offizier. Ein Frauenheld. Mein Vater hatte es faustdick hinter den Ohren, ein Tunichtgut – und war charmant."

Laura dachte: Und deiner Mutter hat er Kummer angetan.

Wilhelmines Mutter, die ihre unbekannte Großmutter war. In Wilhelmines Hintergrund gab es Vorkommnisse, die sie bequem hätte verschweigen können, da alle schon gestorben, und nichts nachzuforschen war. Sie erzählte jedoch gern die finstere und elegische Leidens- und Abenteurergeschichte dieser Familie, man war ausgewandert, es gab heftige Krankheiten, Fehltritte, verrückte Entscheidungen. Geschehnisse, die durch ihre Ausschmückungen gelogen klangen, aber sehr wohl stimmten.

Einige Verwandte waren nach USA ausgewandert, was Wilhelmine längst allen erzählt hatte.

Da sie aber schon so lange eine Waise war und in fremder Umgebung lebte, wirkte alles, was sie kundtat, wie aus einem alten Film, und sie selber machte den Eindruck einer wandelnden Legende.

Die Geschichte eines schmalen, alleingelassenen Kindes hieß diese Legende, das endlose Trauerspiel. Das Drama, aus dem die lebendige feingliedrige junge fesche Dame mit den weichen Locken hervorgegangen war.

Licht aus der Düsternis

Das Magische, das Charmante und Fatale, was von ihr ausging, schien aus der düsteren Kindheit, aus einer sonderbaren Familie heraus gewachsen zu sein.

Es hatte einen unglaubwürdigen Schein, und es war doch wirklich so gewesen? Zitierte Wilhelmine aus einem Gedicht – und sie kannte viele Gedichte auswendig –, klang es im Eckhaus in der Vorstadt und dort in der Küche wie in eine fremde Welt geworfen.

Sie zitierte nur vor Laura und hatte oft gelobt, dass dieses Kind es gleich ihr mit Sprache zu tun habe. Über den frühen Tod ihrer Mutter rezitierte sie immer wieder dies Gedicht, das sie noch in der Schule gelernt hatte:

„Du versuchst, oh Sonne, vergebens / durch die finsteren Wolken zu scheinen / der ganze Sinn meines Lebens / ist, ihren Tod zu beweinen ..."

Dann erklärte sie Laura, das sei von Goethe.

Pathetisch, oder besser geschwollen, hätte es den andern geklungen. Man sprach dergleichen nicht in einem Metzgerladen. Es beschrieb Wilhelmines Trauer als Kind Jahrzehnte später noch. Diese Trauer war erhalten und gleich der Empfindung, die

Wilhelmine mit vierzehn Jahren gehabt hatte, als sie die Mutter verlor.

Die junge Laura allein empfand diese Trauer, und dass sie echt war. Manchmal sang Wilhelmine auch das Solveig- Lied von Edward Grieg. Woher nur kannte sie es? Wer hatte es sie gelehrt? Sie sang:

„Der Winter war hart und der Frühling vergeht. Der Frühling vergeht ... Der Sommer kommt mit Welken und das Laub verweht. Das Laub verweht ... Ich habe versprochen, ich harre treulich dein. Ich harre treulich dein ... Du kehrest mir zurück, und dann sind nur wir zwei. Dann sind nur wir zwei ..."

Wenn sie es sang, wurde es Laura schwer ums Herz, so schwer, als ob der Vater im Keller das Wolgalied singen würde. Dass die Mutter so sang, hatte ebenso lang vergangene Gründe. Wer hatte da gewartet, wer hatte gemeint: „Ich harre treulich dein?"

Später kam Laura der Gedanke, dass Wilhelmines Mutter im Ersten Weltkrieg ihren Mann früh verloren hatte, als Wilhelmine nur vier Jahre alt gewesen war. Hatte sie, ihre unbekannte Großmutter, schon das Solveig-Lied gesungen? Ein schweres nordisches Lied und seine Worte „Ich harre treulich dein ..."?

Oder sang es Wilhelmine, weil sie noch immer der Wiederkehr der Toten - der eigenen Mutter harrte?

Man zeichnet in der Familie

Einmal schenkte Wilhelmine Laura ein Blatt Papier, auf dem sie einen mageren Blumenstrauß gezeichnet hatte, und einmal ein Blatt, auf welchem getrocknete Herbstblätter aufgeklebt waren. Zwischen diese Blätter hatte sie geschrieben:

„Das Laub fällt von den Bäumen, das zarte Sommerlaub / Das Leben in seinen Träumen zerfällt in Asche und Staub / Die Vöglein lieblich sangen, wie ist der Wald nun still / Die Lieb ist fortgegangen, kein Vöglein singen will / Die Lieb sie kehret wieder, vielleicht schon im nächsten Jahr / Und alles wird dann wieder, so wie es früher war ...“

Auch diese Zeilen hatte Wilhelmine oft gesungen, mit schwerer, zittriger Stimme. Nur bei der Stelle „Die Lieb, sie kehret wieder, vielleicht schon im nächsten Jahr ...“ hatte sie Atem geholt und plötzlich lauter, sogar zuversichtlich hell gesungen.

Die Tante nebenan sang solche Lieder nicht. Auch Johann, Lauras Vater, kannte sie nicht.

Viel früher einmal hatte Wilhelmine der kleinen Laura erzählt:

„Wenn meine Mutter, die schon sehr krank war, mal einen guten Tag hatte, sang sie mir etwas vor. Ich lag dann auf ihrem Bett, und sie strich mir übers Haar ...

Ach, wenn ich sie doch noch einmal sehen könnte, meine Mutter.“

Laura verstand Wilhelmine in diesen Augenblicken, denn Laura liebte Wilhelmine ebenso, wie diese ihre eigene, lang verstorbene Mutter liebte. Laura merkte, dass sich Wilhelmine immer weiter nach ihrer Mutter sehnte. Sie konnte es Laura erzählen, und nur ihr. Dazu kam: Laura hatte wie sie, vielleicht auch schon ihre Mutter, einen Sinn für das Lied, für Elegie und Poesie. Als Laura alt war, sollten ihr die Lieder ihrer Mutter wieder einfallen, ebenso wie dieser die Lieder ihrer Mutter, und so sollte das Liedgut von Generation zu Generation übertragen werden.

Es regte sich in Laura die Frage, ob Wilhelmine, damals als Kind auf deren Krankenbett, das alles von ihrer Mutter gelernt hatte; es war das Singen ihrer unbekannten Großmutter schon längst vergangen, und diese seit über fünfundsiebzig Jahren gestorben, aber Laura merkte, die Lieder trugen etwas weiter von der Melancholie, die Wilhelmine kennzeichnete.

Dann wieder dachte Laura an das Singen ihres Vaters im kalten Keller.

Das Wolgalied. Das war nun über fünfzig Jahre her, und der Vater schon fünfundzwanzig Jahre tot. Hatten sich ihre Eltern die Schwermut aus dem Leib gesungen? Laura hörte in mancher Stunde noch ihre beiden Eltern zusammen singen, dann wieder jeden für sich, die Mutter das Solveig-Lied, den Vater das Wolgalied. Sie sang in der Küche, er im Keller.

Viele lebendige und freche Operetten-Melodien hatten sie gemeinsam gesungen, doch hatte sich in diesen beiden jeweils eine Trauer für sich gehalten. Und nun sangen sie in ihrem alt gewordenen Kind zusammen, als sei in diesem Kind, das sie vor so langer Zeit in die Welt gerufen hatten, der Raum, in dem beider Trauer sich verstehen könne.

In Laura sangen sie einander zu.

Der Anschein und was daraus wird

Wilhelmine hatte also, was man so dachte in der Umgebung, Johann mit ihren weichen Händen und schmelzenden Blicken verführt, sie konnte gut verführen. Sie betonte vor Laura, dass sie zwar nicht schön, aber bei Männern stets die Favoritin gewesen sei; sie sagte das mit Trotz und Stolz. Ihre Augen glänzten, als sei auch Laura eine Verführbare.

Auch hatten ihre Augen geglänzt, als sie Laura erzählte, dass ihre Mutter in der fernen fremden Stadt einmal, als sie in der Lehre gewesen sei und schwere Bretter habe schleppen müssen, zu ihrem Chef gekommen sei. „Ich verbitte mir, dass meine Tochter solche Arbeiten zu tun hat!“, habe sie gerufen. Wer hatte jemals später im Leben diese Wilhelmine noch so verteidigt? Und: Hatte sie Johann verführt, oder hatte Johann selber sie erweicht, ihn zu verführen? Würde er sie je so verteidigen können?

Schwer zu sagen, wer von diesen beiden Waisenkindern das eigentlich schutzlosere gewesen war.

Als sie einander begegneten, hatte Johann noch den gestrengen Vater, der keine Gefühle zeigte. Seine weiche Mutter hatte er mit fünfundzwanzig Jahren verloren. Und als Wilhelmine eingewilligt und Johann geheiratet hatte, sollte er lernen, wie ihr anderes Gesicht aussah.

Keiner hatte ihm gesagt, dass ihre Stimme manchmal kalt sein würde, aber in der Tat konnte ihre Stimme schrecklich hohl klingen. Besonders, wenn der vom Schicksal zu schwer getroffenen Frau Hämisches durch den Kopf ging. Johann sollte es im ganzen Leben nicht bemerken wollen, er mochte sie lieber anders hören. Und er wusste, dass sie gut singen konnte und hell lachen.

War es leicht gewesen, Johann zu verführen? Ja, denn er hatte sie ohnehin gewollt. Dass er sie mehr gewollt hatte als je ein anderer, sollte Wilhelmine nie begreifen. Er betete sie an. Und auch, als er sie erfahren hatte, hörte er nicht auf, sie anzubeten.

Ihr war es vielleicht an der Zeit erschienen, einen Ehemann ausfindig zu machen. Aber – wie will man so etwas jemals wissen? Und wenn sie es hatte, dies Gefühl, hatte sie nur dieses? Der geliebte Erste hatte sie lange schon verlassen, er hatte sie auch nicht heiraten wollen. Gewollt hatte er sie erst, als sie Johann ihr Jawort gegeben hatte. Inzwischen waren unbedeutende Liebhaber diesem gefolgt. Dass Johann, dieser anständige Kerl und selbständige Kaufmann, sie so verehrte, passte ihr. Vielleicht liebte sie ihn ein wenig deswegen. Und dieses mochte sogar die Dauer bestimmen, in der sie bei ihm blieb. Vielleicht verließ sie sich auf ihn, weil man sich auf ihn verlassen konnte. Und so blieb ihre Zuneigung zu ihm, wenn sie sich auch viele heimliche Eskapaden besorgte, was ihr wohl unentbehrlich erschien.

Bis er gestorben war, sollte sie, wenn auch häufig vertragsbrüchig, bei ihm bleiben. Was verbindet die, die beieinander geblieben sind? Die Zeit? Als er endlich gestorben war, sah Wilhelmine Laura starr an und sie sagte mit einer beleidigten Stimme:

„Vierzig Jahre! Das ist kein Pappenstiel!“

Als sie ihm nun sicher geworden war, wurde der arbeitsame Johann stiller. Seine hellblauen Augen mit dem ruhigen Blick standen glücklich in seinem noch jüngeren, verträumten Gesicht. Er konnte zufrieden sein, er hatte sich durchgesetzt, aus diesem Schüchternen war hervorgetreten und hatte gesiegt: Sein berühmter eiserner Wille.

Später sollte Wilhelmine von Laura befragt werden, warum sie Johann, ihren Vater, geheiratet habe, nämlich ihn, den so gar nicht zu ihr passenden, wie Wilhelmine immer wieder betonte; sie betonte es vor seinem Kind, ohne sich Gedanken zu machen, dass dieses Kind aus ihm hervorgegangen war und so in Bedrängnis geraten sollte.

Aber sie hätte jeden Vorwurf abgewehrt, der ihr unterstellt hätte, das Kind verwirrt zu haben. Dann antwortete sie unwirsch auf Lauras Frage: „Der sah doch so gut aus!"

Laura konnte mit dieser Antwort wenig anfangen.

Sie hatte also nachgegeben, nur weil er gut aussah? Dem Vater, nur deshalb? Wie traurig, sie fand es traurig, und wusste nicht warum.

Laura verstand nicht, was Männer und Frauen zusammenführen mochte, jedenfalls so wie bei ihr und dem Dompteur konnte es nicht gewesen sein, oder wie sie neben dem Vater in der Wurstküche gestanden hatte, wenn er mit den Gewürzdosen hantierte – so einig. Ob Wilhelmine dieses Gefühl denn überhaupt kannte? Das hatte mit dem Aussehen doch nichts zu tun, oder doch?

Jedenfalls war das so, als stünden die Herzen ganz nah zusammen, ohne dass man sich auch nur ansah. Wie sie den Dompteur geliebt hatte, ganz und gar, eine klare Sache. Wilhelmine hörte Lauras Gedanken nicht und fügte ihrer Erklärung noch hinzu:

„Ich habe deinem Vater viel von seiner Schüchternheit genommen! Durch mich bekam er Selbstbewusstsein!"

Das verstand Laura noch weniger. Zumal ihr Vater einmal, als er unter ihren Freunden saß, die über ihre Hemmungen sprachen, bemerkte:

„Ich habe auch Komplexe ...“

Es war ungewöhnlich frei gewesen, so etwas zu äußern.

Er hatte der Diskussion der jungen Leute genau zugehört. Im Übrigen war er scheu, zurückhaltend, nachdenklich geblieben.

Es wird wohl eine Hochzeit werden

Der Großvater war nicht gefragt worden nach seiner Meinung, was er von der Verbindung seines einzigen Sohnes mit Wilhelmine hielte, aber die fremde Wilhelmine saß nun des sonntags in seinem Horch, als sei sie eine weitere Schwester von Johann W.; und Wilhelmine scherzte und lachte mit Johanns Schwestern. Sie war eine wunderliche Person für die ländlichen Mädchen, eine Abwechslung, etwas Besonderes. Sie erzählte verrückte Sachen, von denen man nie gehört. Johanns Freundin konnte sich gut ausdrücken. So gut konnte es keine von ihnen.

Als klar geworden war, dass Johann es mit Wilhelmine ernst meinte, bestand der Großvater darauf, dass die zarte Wilhelmine eine Lehre für das Geschäft in einer Metzgerei mache, bevor sie als Geschäftsfrau den Betrieb übernehmen könne. Das hieß, bei Fremden lernen, von Grund auf, Verkäuferin in einer Metzgerei zu sein. Wilhelmine war über das Alter hinaus, in dem man eine Lehre macht. Aber sie sollte es tun – wie auch Johann sein Handwerk hatte lernen müssen. Der Großvater Lauras meinte:

„Damit das Mädchen etwas vom Geschäft versteht, sonst kann sie es nicht führen und auch kein Personal leiten.“ Diese Anordnung war kategorisch. Es bedeutete, dass der Sohn sein angesehenes Geschäft nur übertragen bekäme, wenn dieser Forderung entsprochen würde. Der Sohn verstand das. Eine Existenz überlassen zu bekommen, war allgemein etwas Gewichtiges. Johann wusste, es besteht stets die Gefahr, dass ein Nachfolger ein gut eingeführtes Geschäft zugrunde richtet, und sei der Nachfolger auch der eigene Sohn.

Der eigene Sohn mit einer unpassenden Ehefrau schafft es noch leichter.

Der Großvater kannte viele Fehlschläge, die eingeführte, aber vererbte Geschäften erlitten hatten.

Wilhelmine gab seiner Forderung nach, was sollte sie auch dagegen tun? Es war eine bittere Pille; sie hatte sich dieses Metier nicht ausgesucht, sie hatte im Bekleidungsfach gelernt, und das auch gewollt. In diesem fortgeschrittenen Alter das Notwendige für einen Metzgereibetrieb lernen zu müssen, hätte sie sich nicht träumen lassen.

Aber das Wissen aus dem Fachbereich des verhassten Metzgerhandwerks wurde ihr dennoch eigen, und manchmal war sie stolz darauf. Sollte es nicht auch ein Fach werden, in welchem sie recht gut Bescheid wusste? Sie führte das Geschäft dann untadelig, ja tüchtig.

Jetzt also – außer ihren erworbenen Kenntnissen über Kleider und Stoffe – Kenntnisse in einer Metzgerei, ebenfalls ein Fachbetrieb, auch wenn dies wenig zusammenpasste. Sie lächelte darüber, aber es war oft ein trauriges Lächeln. Das Zimmer auf ihrer Lehrstelle musste sie mit einer Verkäuferin teilen, sie fühlte sich nun noch fremder als zuvor in der Stadt, in der sie gelandet war, lernte zwei Jahre in dem fremden Betrieb, und damit war's getan. Ihr Schwiegervater gab sich zufrieden. Einen Abschluss machte sie nicht, wie sie auch zuvor, im gerühmten vornehmen Konfektionshaus ihrer Heimatstadt nicht hatte abschließen können. Aber sie bekam gute Zeugnisse.

Als sie mit diesem inneren Brennen ihrer Armut, aber auch der Freude an den schönen Ausflügen ihre Verlobungszeit verbracht hatte, wurde von Johann und seinem Vater die Hochzeit geplant. Eine großbürgerliche Hochzeit, mit eleganten Wagen zum besonderen Restaurant an einem See, alles erster Klasse, großer Reigen der Verwandtschaft.

Danach war die Übernahme eines der väterlichen Geschäfte durch Johann W. geplant, und Lauras Großvater hatte das alles in die Hand genommen; ihre Großmutter war schon verstorben. Zu dieser Zeit wollte auch eine der Schwestern des Johann W. sich verheiraten; also geschah eine Doppelhochzeit. Es wurde ein glänzendes Fest, wie im Film. Man fuhr, getragen von Familienstolz und Horch, zum berühmten See. Den fröhlichen Paaren folgten angesehene Menschen in weiteren schwarzen, gewichtigen Limousinen zu dieser ersten Adresse in der Umgebung, wo in Kirche und Restaurant blendende Hochzeiten ausgerichtet werden.

Wie ein Getreuer verblieb im Hintergrund – auf den Fotos des Ereignisses – der Horch, und neben ihm aufgereiht die anderen glänzenden schwarzen Automobile.

Laura blickte lange Zeit träumend auf die Hochzeit ihrer Eltern, war stolz auf die geraubten feinen schwarz-weißen Fotos. Die schönsten hatte nun sie, und nur sie. Sie hatte sie sich genommen, dann gut versteckt.

Ihr Vater, auf den kleinen Bildern schwarz gekleidet, trug einen steifen Hut, den man Zylinder nannte. Laura dachte wieder an die Zirkusvorstellung. Denn aus einem solchen Hut hatte ein Zauberer weiße Hasen hervorgeholt. Den Bräutigam schmückte ein etwas zu großer Goldring mit ovalem Stein an der linken Hand. „Lapislazuli" hatte ihre Mutter ihr später dazu erklärt, hieß dieser Stein mit den Goldsprenkeln. Den Ehering trug ihr Vater an der rechten.

Wilhelmine stand mit weißem Gesicht und mit weißem Kleid gleich einem dünnen Engel mit einem Kränzchen auf dem Kopf an des Vaters Seite.

Ein Traumpaar, dachte Laura, und war unsagbar stolz auf ihre schönen Eltern.

Sie betrachtete sie, als könnten beide nur aus dem Himmel gefallen sein. Ihre Mutter hielt verschämt ein Handtäschchen, trug im Haar diesen Kranz aus Blättchen und Blümchen, Laura fand es süß. Das Kleid war lang, eng und vornehm, sein Stoff legte sich um die Gestalt ihrer geliebten Mutter, die, wie Laura meinte, sehr zahm und zerbrechlich war.

Unter dem Saum hatte Wilhelmine die schmalen Füße schräggestellt, wie auf den Abbildungen der teuren Modezeitschriften, die zu Hause herumlagen. Die Füße steckten in schwarzen Schuhen mit eckigem Vorderteil, hatten übergroße Silberschnallen. Sie sahen aus wie Lackschuhe aus dem Mittelalter, die in Theateraufführungen bestimmter Stücke getragen wurden.

Wilhelmine hatte vor Laura einmal gesagt, sie sei »schuhverrückt«, und weiter erzählt, zum Schrecken ihrer eigenen Mutter habe sie als junges Mädchen unbedingt „Shimmy-Schuhe“ haben wollen! So habe man einen modischen Tanz damals benannt, den „Shimmy“ ... Danach war wohl der Charleston gekommen.

Laura versuchte auf dem Balkon oft den Charleston zu tanzen, wie sie es in einem Film gesehen hatte. Die Sohlen auf dem Boden hin- und herschmieren lassen, und dann die Beinchen nach hinten werfen, ganz hoch und schräg. Der „Shimmy“ war sicher noch interessanter gewesen.

Das Wirken des launischen Schicksals

Es hatte sich das Schicksal eingestellt, wie es Johann W. geplant hatte, und jeder konnte es sehen.

„Er hat seinen Willen gekriegt“, sagten die Schwestern. Besonders aber Laura zeigten die kleinen Bilder der Hochzeit deutlich, dass ihr Vater sein Schicksal und Wilhelmine fest in die Hand genommen hatte, also somit dessen Grausamkeit aus dem Wege gegangen war. Ein Mensch hatte den allmächtigen Traum wahrgemacht, den Traum der Liebe! Laura bewunderte ihn, ihren Vater, über alle Maßen.

Wenn ihre Mutter Wilhelmine auch weiterhin betonte, sie gehöre eigentlich woanders hin, sie meinte natürlich: in etwas Höheres. Oder meinte sie auch Reicheres? Oder sie meinte: ins Theater.

Wilhelmine, befragt, machte der kleinen Laura klar, dass sie aus Stolz und Trotz, eben weil diese „protzige“ Familie ihres Vaters betucht – wenn auch mäßig – gewesen war, sich ganz selbständig verhielt und sich nichts vormachen ließ.

Und weil sie so arm gewesen sei, sie sich beim Fotografieren einiger Hochzeitsbilder für das Album und die Verwandten, einige Male hinter den Verwandten versteckt habe. Es befand sich die Braut in der Tat auf einigen Bildern weit hinter der Hochzeitsgesellschaft, nur ihr winziges Kränzchen mit den Blumen und Blättern schien zwischen den Köpfen durch. Der Bräutigam stand vorne allein!

Wilhelmine fand es mutig, dass sie das gemacht hatte. Sie sah ihren Schwiegervater und den Ehemann Johann W. vor der Gesellschaft der Herren mit Zylindern und der Damen mit Kostümen allein – als sei die Braut von ihm gegangen. Nur eine seiner Schwestern stand in der Nähe, und die lachte! Vielleicht lachte mit ihr das Schicksal.

Sehnsucht Lauras nach dem Zirkus

Nun war Laura ja selber verliebt gewesen, ganz und gar.

So, wie es ihr blauäugiger Vater es gewesen und geblieben war.

Sie sah, er war in Wilhelmine an einem Streifen verliebt.

Nie jedoch würde sie es gewagt haben, der Mutter und dem Vater zu sagen, sie wolle einen namenlosen Dompteur heiraten. Und das war ja dann auch leider bald nicht mehr in Frage gekommen. Bei ihren Schleichereien zum Zirkus sollte es bleiben. Er war abgereist, ohne sie überhaupt bemerkt zu haben. Sie würde diesen Einzigen, den sie geliebt, ewig vermissen!

Sie hatte eben Pech in der Liebe, dachte Laura.

Ihr war in dieser Zeit oft ganz schlecht gewesen, keiner merkte es. Aber ihre Eltern kamen doch geheim zu ihrem Recht, Nein zu sagen. Auch wenn sie es nicht wussten, sie brauchten den Dompteur ja gar nicht in Augenschein zu nehmen, und so auch nicht abzulehnen. Sie, Laura, brauchte nicht einmal zu kämpfen, es hatte sich erübrigt, keine Aussicht, dass Laura ihn in das häusliche Wohnzimmer gebracht hätte!

Und wie schon bemerkt: Ob es ihm dort gefiele, wäre fraglich gewesen.

Als der Zirkus fort war, wusste Laura, dass der Bändiger mit dem weißen Jackett, den goldenen Knöpfen und dem geliebten strengen Gesicht, der Löwendompteur mit seinem unheimlichen schwarzen Schnäuzer ein furchtbares Abenteuer für sie gewesen war. Am liebsten wäre sie in ein Zigeunerlager geflüchtet. Nach Zuhause, mit diesem Laden und diesem Wohnzimmer, gehörte sie jetzt nicht mehr.

Wieder biss sie die Vorstellung, dass aber ihr Vater es geschafft hatte, seine Geliebte zu kriegen, dieser Schüchterne!

Auch Laura war schüchtern, aber sie würde das schon ändern. Das nächste Mal würde ihr keiner abreisen! Auch sie hatte in sich den eisernen Willen, den man an ihrem Papa rühmte und schikanierte.

„Er will es ja partout!", sagte Wilhelmine oft, wenn sie wusste, dass dagegen nichts zu machen war.

Ja, der Vater sah gut aus. Und ihr Dompteur hatte noch besser, weil eben aufregender ausgesehen.

Wilhelmine betonte mit einem Ton, als wolle sie damit etwas entschuldigen, dass der Papa ein gut geschnittenes Gesicht habe, und meinte:

„Wie ein Professor! Die Leute denken immer, er habe einen »Schmiss« im Gesicht, da oben auf der Stirn. Die feine Narbe hat er aber von einem Schnitt."

Laura konnte sich jahrelang nicht erklären, wieso ein Mann so einen Schnitt mitten über seiner hohen Stirn hatte beigebracht bekommen. Wie denn! Es blieb ein Rätsel, aber ja, es sah wie ein »Schmiss« aus, wie ihn Studenten schlagender Verbindungen einander beibrachten. Sie bekam nicht heraus, wie der Schnitt auf des Vaters Stirn gelangt sei. Aber sie bestätigte sofort, dass ihr Papa wie ein Professor aussähe. Auf jeden Fall mehr, als in ihm ein Metzger zu vermuten sei, sein Gesicht so ernst und vornehm – wie Mama die Männer eigentlich gern hatte! Sein Wesen war ein zurückhaltendes; »gemessen« sagte man dazu.

„Er hatte immer gute Manieren“, meinte Wilhelmine.

Und dass er wie ein Aufrechter wirkte, vielleicht, weil er so still war.

Und Laura merkte es, wenn andere ihn ansahen. Er war höflich und freundlich. Aber das allein konnte ihm nicht geholfen haben. Das Schicksal musste zu seinem Erfolg geschwiegen, oder heimlich etwas im Schilde geführt haben.

Er dachte gewiss manchmal an den Mercedes, den er sich erhoffte, das hätte auch seinem Ansehen genutzt.

Wilhelmines Legenden und Deklamationen

Wilhelmine erzählte ihrer kleinen blonden Tochter manchmal recht Intimes, wie einer guten Freundin. Der jüngeren brünetten Hella erzählte sie solches nicht. Diese wehrte Geständnisse, oder geflüsterten Reden auch ruppig ab.

Wilhelmine sprach vor Laura gern über sich selbst, sie war angetan vom eigenen Charme und wusste, dass Laura es auch war. Die bestaunte ihre Mutter, diese »Eleonora Duse« ... Die Mutter sprach oft von dieser legendären Schauspielerin. Deren Äußeres war es, das Wilhelmine immer mit ihrem eigenen verglich.

Laura sah im Lexikon nach, wie diese »Duse, Eleonora« ausgesehen hatte. Und natürlich stimmte es.

„Die Duse hatte elegische schwere Augendeckel, so wie ich“, sagte Wilhelmine, oder manchmal: „Eleonora Duse, tragisch umgekommen.“

Laura fragte sich, was »elegisch« sei. Das musste auch etwas ganz besonderes sein. Dann kam in der Rede der Mama:

„Ich wäre auch Schauspielerin geworden, wenn ich nicht Waise hätte sein müssen. Ich hatte Talent! Ich deklamierte in der Schule Gedichte. Einmal kam der Herr Bischof zu Besuch in die Klasse. Da deklamierte ich auch, ich ganz allein! Ein langes Gedicht trug ich ihm vor. Dann sollte ich ihm seinen großen Ring küssen. Aber ich schüttelte ihm die Hand! Das fand die Lehrerin schlimm, er aber gut und er sagte, ich sei ein aufgewecktes Kind!"

Laura stellte sich die zarte Mutter als junges Mädchen mit Eleonore-Duse-Augen und den oft erwähnten Schillerlocken vor. Der Bischof war bestimmt betört gewesen. Es war ihr klar, dass ihre süße Mutter zart und wunderschön gestanden hatte und ebenso wunderbar deklamiert, sie, die schon als Kind Mut und klare Sprache gehabt hatte. Wilhelmine deklamierte laut vor der kleinen Laura immer auch Gedichte von Friedrich Wilhelm Weber aus »Dreizehnlinden«. Das Mädchen wusste nicht, was „Dreizehnlinden" bedeutete, aber es waren sehr große traurige und erhabene Gedichte. Die Mutter deklamierte in der Küche, vor dem Tisch mit der Plastikdecke.

Viel später besuchte Laura einmal das Kloster, dieses sogenannte Dreizehnlinden, die Benediktinerabtei Corvey an der Weser. Sie wollte sehen, was es damit auf sich hatte. Das bot sich an bei einem literarischen Ausflug. Sie fand irgendwie keinen Zusammenhang zwischen dem Kloster und den Deklamationen ihrer Mama vor dem Küchentisch. Und auch die Mama, inzwischen alt, interessierte sich nicht für ihren Ausflug.

Jetzt aber stellte sie sich immer wieder vor Laura auf, in Positur, wie man sagt, und sprach in die Küche hinein mit furchterregender Stimme:

„Zittert! In des Lebens Mitte / Sind vom Tode wir umgeben / Auf der Heid' ein Wolkenschatten / fährt dahin das Menschenleben!"

Laura erschrak, sie nahm sich zusammen. Sie tat, als ob sie nur zuhöre, aber es war ihr unheimlich. Die Mutter fuhr fort:

„Und er bläst sein Horn; so traurig / ist der Hall, so seltsam eigen / All die Krüppel, all die Riesen / alles Fleisch muss an den Reigen!“

Die Wörter „seltsam eigen“ sprach ihre Mutter mit ganz dunklem Ton, wie in einem Keller. Laura wurde es kalt, sie saß starr am Tisch, und schon hob die Mutter wieder die Stimme:

„Und er bläst sein Horn! Und alle / müssen an den Tanz sie treten / ob sie lachen oder weinen / ob sie fluchen oder beten!“

Mit einem kurzen Blick versicherte sich Wihelmine der Aufmerksamkeit ihrer Tochter, und schnell rief sie einen weiteren Vers:

„Und der Tod, der grimme Schütze, / hehlings ohne Köcherklirren / tritt er an, und unaufhaltsam: / Pfeil auf Pfeile lässt er schwirren ...“

Laura sah auf den Tisch, sie sah keine Plastikdecke, sie sah den dunklen Tod, das war eine dünne Gestalt. Mit seinem Köcher und seinen Pfeilen schoss er jeden ab. Das Wort „hehlings“ verstand sie nicht, das machte die Sache noch schlimmer.

Wilhelmine holte Atem und deklamierte laut weiter:

„Bleicher Jäger! Was da atmet / Königsleute, Bettelleute / alle Riesen, alle Krüppel / alle sind sie seine Beute!“

Laura war bleich geworden, Wilhelmine sah es nicht.

„Das“, sagte sie nun ganz sachlich, als sei sie plötzlich eine andere Person, „das sang in »Dreizehnlinden« der Klosterchor, und ich musste es oft vor der Klasse vortragen.“

Wilhelmine W.’s sonderbarer Charme

Oft erklärte sie ihrer aufmerksamen Tochter, sie habe »das gewisse Etwas«. Laura wusste nicht, was für ein Etwas das sein sollte, dennoch sollte sie später verzweifelt danach aus sein, auch dies »gewisse Etwas« zu bekommen. Das musste wohl für eine Frau wichtig sein, oder vielleicht auch für einen Mann. Nein, das war wohl zuerst einmal etwas, ein Etwas für eine Frau.

Wenn Wilhelmine ihr von ihrem Eheleben erzählte, kam der Vater Johann dabei schlecht weg; ob der eben dann doch kein »gewisses Etwas« hatte?

Sie erzählte alles so offen, wie andere Mütter es nie tun, und Laura dachte: Sie hat großes Vertrauen zu mir. Und viel mehr zu mir als zu Hella ... Aber sie merkte manchmal: Es fehlt etwas, etwas anderes. Was ist das nur? Sie fühlte sich zu geschmeichelt, dem nachzugehen, es war doch wunderbar, dass die Mutter, schön wie Eleonora Duse, in ihr eine Freundin sah. Andererseits fürchtete sie ihre Mama. Sie dachte sehr heimlich, diese sei vielleicht eine ganz raffinierte Dame. Also viel raffinierter, als sie selber es jemals werden könne. Das war etwas sehr Mächtiges, es machte Angst, und es machte, dass man sich daneben dumm vorkam. Ob sich ihr Vater auch dumm dabei vorkam?

Dann wieder schämte sich Laura, so etwas zu denken, denn ihre arme Mutter war doch eine Waise gewesen.

Wenn Wilhelmine den liebevollen Kindesblick in Lauras Augen gewahrte, wusste sie, sie könnte erneut sich über den Vater beklagen. Das, oder deklamieren. Wenn Laura sie so hingerissen ansah, sollte bald vielleicht auch das gewaltige Gedicht von der toten Mutter in der Küche erklingen. Dieses war auch eines, das sie schon in der Schule deklamiert hatte und großen Eindruck damit erweckt. Damals waren junge Mädchen ganz sprachlos gewesen, in ihrer Klasse in der Schule, die sie dann verlassen musste. Wilhelmine schien nicht zu ahnen, dass ihre Lehrerin, deren Namen sie immer noch wusste, sie vielleicht zu diesem Vortrag veranlasst hatte, weil ihre Mutter tatsächlich gestorben war.

Also konnte die Waise ihren Schmerz eindrucksvoll ausdrücken in der Schule, in der Klasse, unter den Vertrauten – und vielleicht würde dieses das Mädchen auch entlasten. Das hatte sich vielleicht ihre Lehrerin gedacht, und noch jetzt war Wilhelmine stolz auf ihr Können. Es betraf sie ganz, dieses traurige

Gedicht, sie immer noch am meisten, »dabei war Wilhelmine wieder nur die arme Waise, die verhinderte große Schauspielerin, natürlich eine wie die Duse. Auch Laura würde es beeindrucken, und dann begann Wilhelmine unvermittelt mit dem Titel:

„Hildegundens Klage am Grabe der Mutter."

Sie machte eine Pause; und weil Wilhelmine eine war, die sich selber »melancholisch« nannte, tat sie Laura noch mehr leid. Besonders, als diese den Titel des Gedichtes vernommen hatte. Im Übrigen, das Wort »melancholisch« hatte Wilhelmine stets sonderbar ausgesprochen. Das heißt, mit einem »ch«, das in der Kehle fauchte. Das nannte man einen »Rachenlaut«, erfuhr Laura später. Jedenfalls war es wie bei Katzen, die fauchen. Als sie dies dachte, musste sie sich gleich wieder schämen.

Darum entschied sie sich dafür, dass »melancholisch« eben ausländisch klänge, und sicher ein orientalisches Wort sei. Ihre Mutter, fühlte Laura, würde jetzt ein melancholisches Gedicht vortragen, und Wilhelmine stand schon wartend kerzengerade in der Küche. Nun begann sie mit dumpfer, schwerer Stimme:

„Andere, denen Leid geschehen / dürfen klagen, ich muss schweigen / Wankt mein Mut in Furcht und Trauer / heit're Miene muss ich zeigen."

Laura hörte gebannt zu, und Wilhelmine fuhr fort:

„Die mir ratend helfen könnte / schläft hier unterm kalten Steine / an der Linde ihr zu Häupten / sitz' ich oft und weine, weine ..."

Das Letzte sprach Wilhelmine so schrecklich hohl aus, dass Laura wieder nicht wusste, ob sie dabei mehr Angst oder mehr Mitleid fühlte.

Nun aber wurde Wilhelmines Stimme milde:

„Leise nur; ein Mutterschlummer / ist so leicht, sie würd' es hören / Nein, es darf des Kindes Klage / ihre Seligkeit nicht stören."

Laura hätte weinen mögen. Sie sah ihre arme Mutter am Grabe der so oft beschriebenen schönen vornehmen Großmutter, die sie nicht gekannt hatte, sie sah die junge Wilhelmine allein, ebenso jung und zart, ganz verlassen. Diese stand in einer fremden Gegend auf einem Friedhof am späten Nachmittag, es gab etwas weiches Gras um das Grab. Aber das Kind, das da mit der Toten sprach und schluchzte, nahm das warme Gras nicht wahr. Es lehnte wie auf alten Bildern an dem kalten Grabstein, und die feinen Haare fielen herab, in Wellen.

Immer wieder sollte Laura das Gedicht von Hildegundens Klage am Grabe der Mutter hören. Sie hörte es längst auswendig. Das Bild ihrer armen Mutter, der Waisen, wuchs in ihr groß und unnahbar zu einem ehrfurchtgebietenden Mahnmal. Einem Mahnmal, von welchem sie, Laura, als einziges Wesen auf der Welt wusste.

Und sie würde immer zu ihr halten, zu dieser armen Waisen am Grab. Dem Mahnmal, schön wie Eleonora Duse, das ihre Mutter war.

Eine verhinderte Tragödin

Wilhelmine war den anderen in der Vorstadtgegend eher ein lebendiges Ereignis als ein Mahnmal. War sie etwa auch ihnen die verhinderte Tragödin oder Komödiantin? Nein. Ihnen war sie die tüchtige Geschäftsfrau mit dem gestärkten weißen Kittel und den hübschen Beinen darunter.

Sah man etwa dort, in dieser einfachen Vorstadt, dass sie eine verkannte Schauspielerin war, schön und elegisch wie die Duse?

Nein, die sahen so etwas ohnehin nicht, niemals. Die verkannten Wilhelmine. Nur sie, Laura, erkannte sie, hatte ihr Vertrauen, und sie stand ganz auf ihrer Seite! Ihre Mutter allein hatte so eine schöne Sprache, schöne Hände, seidene Kleider, einen stolzen Gang und feine Schuhe. Laura allein wusste es, was mit ihrer Mama in den dunklen Tiefen der Vergangenheit und in der Fremde der fernen Stadt Tragisches geschehen war. Schrecklich musste es sein – wie es in Mamas Innerem aussah! Und was für eine sagenhafte Verwandtschaft dort einmal gewesen war, die alle schon tot waren. Laura malte sich nach alten Fotos diese legendären Menschen aus, vornehme Träumer, Auswanderer, Musiker, verzweifelte Kranke, die jung starben, sowie Selbstmörder.

Ja, Schauspielerin zu werden, war Wilhelmines Traum gewesen. Es war der richtige Traum, sie hatte ja das Talent dazu. Und weil sie so arm geworden war durch grausames Schicksal, ganz ohne Geld und Halt alleinstand, hatte sich der Traum nicht erfüllt. Genau hier war es nämlich zugange gewesen, wovon die Leute immer sprachen, das grausame Schicksal!

Ihre Mama hatte Talent, und jeder hätte es mit großem Respekt hören können, wenn sie deklamierte. Nun war es zu spät. Sie war jetzt in einer Metzgerei. Und das war auch Lauras Zuhause. Laura begann langsam, diese Metzgerei zu hassen, dieses Geschäft, das nicht zu Mamas Zukunft passte, also ein gemeines Schicksal darstellte, das unendlich schmerzen musste. Natürlich wäre sie eine berühmte Schauspielerin geworden, wie die Duse! Man sah es ja ihren Augendeckeln an. Das heißt, wenn einer in der Umgebung überhaupt wusste, was solche Augendeckel bedeuten.

„Hermine Körner war mein Vorbild", meinte Wilhelmine einmal; Laura hatte den Namen nie gehört. Später nahm Wilhelmine sie als junges Mädchen mit in eine Vorstellung mit dieser Hermine Körner, einer legendären Schauspielerin. Sie betonte, dass deren Namen ähnlich klinge wie ihr eigener Mädchenname geklungen habe, und das erinnerte Laura wieder an Wilhelmines Ähnlichkeit ihrer Augendeckel mit denen von Eleonora Duse. Ihre Mutter träumte vielleicht davon, dass ihr eigener Name gleich dem der Hermine Körner auf einem großen Plakat stünde.

Es war ein Ibsen-Stück, das sie im tiefen Dunkel des Theaters gemeinsam sahen. Es hieß »Gespenster«.

Die Körner hatte sogar so eine Stimme wie ihre Mutter, es war genau die Stimme, mit der diese daheim in der Küche »Hildegundens Klage am Grabe der Mutter« deklamiert hatte. Laura war zutiefst beeindruckt.

Aber sie verstand nichts, nicht das Stück, nicht die Vorgänge auf der Bühne, das kam etwas zu früh in ihrem Leben.

Später hatte die Mutter wieder zwei Karten für das Theater bestellt. Der Vater ging niemals mit ihr ins Schauspielhaus, er sah lieber Volksbühne.

Das Theaterstück hieß diesmal: „Eines langen Tages Reise in die Nacht".

Laura hatte schlechte Noten im Lyzeum, außer im Fach Deutsch.

Auch hier verstand sie kaum etwas von dem, was um sie herum vorging.

Aber nun ging sie stolz mit ins Theater, stolz und gespannt.

Die Familie war so zerrüttet, dass der Autor verboten hatte, es früher als zwanzig Jahre nach seinem Tode aufzuführen. Laura war beeindruckt von seinem Theaterstück und von allen Schauspielern darin, obwohl sie sich die Zerrüttung nicht recht erklären konnte. Auch dieses war etwas zu früh in ihrem Leben. Die Truppe war das »Berliner Ensemble«, später hörte sie, wie berühmt sie war.

Laura dachte noch wochenlang über das Stück nach, immerhin sagte sie sich: So ehrlich war noch nie einer! Damit meinte sie den Dichter Eugene O'Neill. Sie sprach seinen Namen laut aus und würde ihn nie vergessen. Das gibt es also, dachte Laura – so eines langen Tages Reise in die Nacht, genau so schrecklich. Und so ehrlich gesagt. Unheimlich ist das Leben, dachte Laura, so unheimlich, dass man es besser nur auf die Bühne bringt.

Wilhelmines Reden

Ihre Mutter hatte also gedacht, so groß wäre auch sie geworden, als Hauptdarstellerin, wie die Körner. Oder in dem anderen Stück früher die Eleonora Duse. Oder, meinte sie auch einmal: „Wie Grete Moosheim."

Ungerecht, wie das Schicksal handelt; für Laura war Wilhelmine längst eine große Heldin. Ein wenig auch für Hella, für diese aber mehr aus Furcht.

Die Kinder fürchteten die Stimme ihrer Mutter oft beide; sie wussten nicht, warum. Wilhelmine schimpfte vor ihnen über die Sturheit des Vaters, oder dass er ein Rechthaber sei. Aber eigentlich, so fühlten die beiden, bestimmte doch sie, auch über die Kinder. Sie bestimmte heimlich immer, aber das durfte man nicht erwähnen.

Wilhelmine fand ihre Töchter, als sie herangewachsen waren, nicht sonderlich bemerkenswert, noch etwas später keinesfalls begehrenswert.

Es lag in ihrer Natur, die Mädchen abzuurteilen, denn diese hatten nun einmal begonnen, ihr zu widersprechen, auch wenn die Strafe auf dem Fuße folgte. Wilhelmine dachte nun häufiger von der älteren, Laura, dass sie verrückt sei. Das Kind ist nicht ganz richtig im Kopf, sagte sie zu Johann, oder: „Die Laura ist ein böses Kind, sie vertreibt mir das Personal."

Dabei erwog sie sogar, das rühre vielleicht als Anlage her von ihren eigenen Vorfahren, sie dachte dabei an einen Spross ihrer Sippe, der in der schwarzen Nacht in weißen Waschlederhandschuhen in der Stadt ausgegangen war. Es war das Söhnchen des Großvaters, der nichts tat, nichts gelernt hatte, und vor dem Großvater auf dem Dachboden von seiner Mutter versteckt wurde. Auch noch, als er erwachsen war.

Man hatte ihn in der Stadt nur »den Baron« genannt, weil er so elegant ausging. Bis er sich auf besagtem Dachboden erhängte. Ab dieser Zeit und endlich als Toter galt er nur noch als ein Verrückter. Mit diesem sollte Laura nun Ähnlichkeit haben. Oder mit dem Onkel aus der andern Familie, der im KZ geendet hatte.

Einmal sprach Wilhelmine von diesen Vorfahren und Geschehnissen wie von legendären, abenteuerlichen Sachen, dann wieder erwähnte sie sie abfällig; in diesen Variationen teilte sie ihren gespannt lauschenden Kindern oder Freunden all die Vergangenheit mit, je nach Laune.

Hatte Laura »etwas angestellt« oder »Ideen«, rief Wilhelmine aus: „Das hat sie von dem Baron! Wenn sie bloß nicht endet wie der!“

Wenn ihr das nicht auszureichend schien, wies sie auf einen weiteren Verrückten hin, jetzt jedoch aus Johann W.'s Sippe.

„Ja, da ist ja auch noch der Onkel Karl, der an Hitler wütende Briefe schrieb! Den haben sie geholt und ins KZ gebracht. Dann ist er dort – wie sie sagten – an einer Krankheit gestorben!“

Der Onkel war nur angeblich an einer Krankheit gestorben. Laura bekam nun Angst, dass sie einmal überschnappen könnte. Der Krieg war wohl etwas, das einen ganz durcheinanderbrachte. Sie erinnerte sich: Es gab so viel Krach, Getöse, aus dem Radio verwirrende Stimmen, abgehackte Stimmen und Schritte.

Aber Laura fragte Wilhelmine nicht weiter nach diesen ihr unbekannten Vorfahren. Es war ihr wieder unheimlich, was ihre Mutter angedeutet hatte.

Dass sie diese ihre blonde Tochter, die gern turnte und früher aus der Volksschule gute Noten heimgebracht hatte, mit dem lethargischen Onkel einerseits und dem cholerischen andererseits verglich, hatte ursprünglich mit Lauras Balancieren auf dem Glasdach begonnen. Dass Laura nicht auf sie gehört hatte, erboste sie immer wieder aufs Neue. Das Erzählen von den fernen verstorbenen, verrückten Verwandten ließ sie siegen, jetzt fürchtete sich ihr Kind. Wilhelmine pflegte über einen Menschen ohnehin nie in seinem Sinne, sondern immer nur in ihrem Sinne nachzudenken. Dann setzte ihr gut geplanter Siegeszug ein, immer, wenn ihr Kind etwas tat, was es zu lassen hatte.

Hella sagte einmal zu Laura:

„Sie kann dich nicht leiden, du gehorchst ja nicht."

Die jüngere Tochter Hella hielt Wilhelmine eher für dumm.

„Kann ja nicht mal ein Wort Hochdeutsch sprechen", rief sie aus.

Wenn sie sich über beide Kinder beklagt hatte vor Johann W.'s Schwester, mit der sie besonders vertraut war, bemerkte diese erstaunt: „Aber es sind doch deine Kinder ... Du lässt ja kein gutes Haar an ihnen."

Hella vermied instinktiv, in der Nähe von Wilhelmine zu bleiben. Ging also zu dem bäuerlichen Onkel, auch, da sich zu Hause ohnehin niemand um sie kümmerte. Das merkte keiner, und dort konnte sie im Feld auf des Onkels Traktor fahren. Es gefiel ihr, draußen zu sein in der Natur, da ging nicht alles so künstlich zu, und sie war ihrer nervösen Mutter aus den Füßen. Dass der Knecht des Onkels das Kind auf dem Feld verführte, merkte auch keiner.

Wilhelmine hielt diese zweite Tochter ohnehin für »primitiven Ursprungs«, ohne zu bedenken, dass doch nicht unmaßgeblich sie selbst dieser Ursprung war. Den ihren sah sie weiterhin unangetastet für einen gehobenen. Diese Hella, ihre Tochter, die es nicht mit der Sprache hatte, vielleicht aus Widerstand? Und die die Felder liebte, sie war aus der Art geraten, aus ihrer eigenen Art, Wilhelmines Art natürlich. Ein etwas zurückgebliebenes Kind. Wie war ausgerechnet sie an ein solches Kind gekommen? Es hatte ganz früh schon nicht essen wollen, war schwach auf den Beinen und weinerlich. Was hatte sie mit einem solchen Kind zu tun?

„Hella hatte immer schlechte Nerven", sagte sie über die Kleine zu Johanns Schwestern. Über die größere äußerte sie: „Die ist cholerisch, bekommt Ausbrüche, wie der Johann."

Zu Laura sagte sie einmal abfällig und drohend:

„Du hast vielleicht Ansprüche, und du bist Individualist! Du wirst einmal einen sehr reichen Mann brauchen.“

Laura verstand weder das eine, noch das andere.

Dass die Mutter das Wort »Individualist« als Schimpfwort benutzte, würde wohl eine Verwechslung zu sein. Es passte immerhin zu ihren Sätzen wie: „Man muss sich nur anpassen, freiwillig, dann geht es einem gut“ oder „Jeder muss den Platz ausfüllen, an den er gestellt ist“.

Laura mochte diese Sätze nicht, Wilhelmine hielt sie für vernünftig. Wilhelmine liebte das Vernünftige, hielt es für das Anzustrebende. Sie bezog keine der Eigenschaften oder Zustände ihrer Kinder auf sich; das eine Kind hatte ihr geschadet mit seiner Schwäche, das andere mit seinem Temperament, seiner Heftigkeit. Eine Zumutung, diese Kinder! Kaum zu glauben, dass sie von ihr abstammten, da sie doch selber intelligent, sprachgewandt, angepasst, elegant, geschäftstüchtig, rücksichtsvoll und vernünftig war! Die eine plappert nur Plattdeutsch, die andere gibt frech Widerworte, musste sie sich in ihrer Empörung gestehen. Beide aus der Art geraten!

Hella begann mit der Zeit, im Dialekt drollige und manchmal zynische Witze zu machen, darüber lachte die Verwandtschaft. Als ein vornehmer Kunde in der Straße sie fragte: „Wessen Kind bist du denn, Kleine?“, antwortete sie schnell, sie sei das Kind des Pastors.

In der Schule starrte Hella bloß an die Wand, die Schule interessierte sie nicht. Sie wollte lieber wieder aufs Feld, zu ihrem Onkel, und fragte die Lehrerin, ob sie vielleicht die Blumen gießen dürfe. Und dann starrte sie weiter an die Wand, nun auf ein Heiligenbild mit Maria und Josef. Diese waren auf der Flucht mit Kind und mit Esel.

„Was siehst du denn immer das Bild an?”, fragte ihre Lehrerin.

„Och“, sagte Hella, ich denk die janze Zeit, die Frau könnt ja och mal dä ahle Mann op der Esel losse ...“

Die Lehrerin lachte, erzählte es Wilhelmine. Dass das Kind so witzig war, schrieb sie nun ihrer Veranlagung von der Muttern her zu, sie mochte es nämlich, dass Hella drollige Sachen machte, das ließ sich weitererzählen. Und dass die Kleine von Zeit zu Zeit allzu sarkastische Bemerkungen machte, störte sie nicht. Sie schrieb das sogar einer doch in ihr vorhandenen Intelligenz zu.

Im Ganzen freundete sich Wilhelmine mit der Mutterrolle nicht an. Ihre Kinder nannte sie Blagen, Nägel zu ihrem Sarg, Rasselbande und Trabanten. Darin schwang mit, dass die Kinder vielleicht die blassen Trabanten ihres eigenen, strahlenden Sterns waren.

Ging es aber darum, dass die Kinder näher betrachtet nur magere Kriegskinder waren, sprach sie von ihnen, sie seien stark und gesund. So sollten sie vor Bekannten und Verwandten erscheinen, als »ihre Bären«. Vielleicht, weil in ihrer Sippschaft einige Vorfahren an sonderbaren Krankheiten gestorben waren.

„Trabanten", sagte sie am liebsten, da es ein Fremdwort war.

Nie kam ihr über die Lippen „meine Kinder“ oder „meine Mädchen“.

Dass die frühere Bedeutung des tschechischen Wortes »Trabant« eigentlich »Fußsoldat, Leibwächter eines Fürsten« bedeutet, passte ohne dass sie es wusste, in ihr Konzept.

Sie liebte weiterhin schöne Kostüme, Schuhe, Strümpfe, Hüte; früher hatte sie einen großen Teil des Lohns ihrer Arbeitsstellen in ihre Aufmachung gesteckt. Nun, da sie im Geschäft des Ehemannes selbständig war, nahm sie hierzu das Geld aus der Kasse. Er rügte sie als verschwendungssüchtig; so verstand sie es bald, diese Unkosten fein zu kaschieren. Sie hatte mit ihrer Arbeit ja auch einiges verdient. Da sie aber allzu oft neue Schuhe kaufte, versteckte sie diese immer eine zeitlang im Kleiderschrank, bevor sie vor den Augen des Ehemannes angezogen wurden. Der schimpfte dennoch: „Schon wieder neue Schuhe?“

Hedwig und Hella hatten auf den alten Fotos gesehen, dass ihre Mutter elegant und schlank war. Das war nicht etwas bescheiden Dörfliches, wie in der weiteren Umgebung. Mit der Ehe, dem Krieg und den Kindern hatte sie sich ihre gewohnte Eleganz wohl nicht mehr leisten können.

Nun aber war sie in den Abendstunden wieder vollkommen gut angezogen. Beim Ausgehen entfaltete sie ihre gewohnte erstaunliche Wirkung, so als käme sie aus einem Hollywood-Film hereingeflogen.

Hella würde einmal sagen:

„Diese Frauen wollten doch alle DIE TOLLE LOLA sein ..."

Und vielleicht dachte sie an das Lied der Marlene Dietrich: »Ich bin die tolle Lola, der Liebling der Saison ...«

„Sie war ein zärtliches Häschen, eine Schmuserin. Kein Wunder, dass die Männer sie mochten", bemerkte die Tante von nebenan. Diese hatte die Waise Wilhelmine schon damals in der fremden Stadt großgezogen.

„Ja – und sie kann eben sehr charmant erzählen, sie ist witzig", hatte sie noch hinzugefügt.

Die tolle Lola wird Mutter

Nach der aufwendigen Hochzeit mit Johann W. war Wilhelmine also nach und nach Mutter zweier Mädchen geworden.

Kurz darauf hatte das Drama begonnen, das man »den Zweiten Weltkrieg« nannte. Nahezu alle Menschen verloren bald das Glänzende, wenn sie je ein solches gehabt hatten. Nicht so Wilhelmine. Sie glänzte weiter in der Gastwirtschaft ihrer Tante. Man trank noch immer Wein und Bier und Likör – in den kleinen graziösen Gläschen, die wie umgedrehte Ballettröckchen aussahen.

Aber auch Wilhelmine wirkte auf Fotos dieser Zeit nicht mehr so gut und auch nicht immer so gut gelaunt, nicht mehr so, als ob sie eine legendäre Vorstadt-Schöne oder vielleicht sogar ein wenig Kurtisane gewesen war, das konnte ohnehin nur der feststellen, der sich einmal in sie verliebt hatte, und der selber gut aussah. Auch sie hatte Liebespech erlebt, was ja auch bei den Schönen nicht ausbleibt, und was die Nachbarn munkeln, kommt gewöhnlich durch Neid und Neugier zustande.

Laura war weiterhin in ihre Mutter verliebt. Hella etwas weniger, sie fühlte, dass ihre Mutter sie oft für platt und dumm hielt. Laura dagegen trotzte der Mutter Meinung, dass sie verrückt sei, und gerade das so, indem sie ihr ohne eigenes Wissen immer noch mehr »Verrücktes« als Überzeugungsmanöver anbot, in der naiven Hoffnung, es möge Wilhelmine imponieren. Sie vollbrachte auch Handstand, Rad schlagen und weiteres wie Zirkuskunststücke vor der Angebeteten. Hella dagegen hatte sich damit abgefunden, dass sie ihrer Mutter mit nichts imponieren konnte. Laura turnte Wilhelmine gewagte Stücke vor. Und manchmal stürzte sie bei ihren Vorführungen von einer Mauerwand, oder eine Kellertreppe hinunter. Dann schimpfte Wilhelmine und übersah Wunden, vergaß, sie zu verbinden. Sie zeigte großen Unmut, Ungeduld; wie lästig ihr doch dieses übermütige Kind war! Und was sie bloß für Ideen hatte!

„Einmal mussten wir dich ins Krankenhaus schleppen, du konntest nicht mehr allein gehen", sagte sie zu Laura vorwurfsvoll.

„Und nur weil du wieder gestürzt bist und das Loch im Bein sich entzündet hat!"

Wo »das Loch im Bein« gewesen war, behielt Laura lebzeitlang eine große Narbe. Andere beträchtliche Narben hatte sie in der Kopfhaut. Immer, wenn etwas an ihr blutete, wurde Wilhelmine wütend. Aber Laura ließ sich stets etwas Neues einfallen, das sie rasend machte.

Johann W. bekam von all dem wenig mit. Er wollte sich auch nicht dazu äußern, er hielt es mit der Zeit für eine zu große Gefahr, seine Meinung zu sagen. Wenn aber Not am Mann war, sprang er ein.

Wilhelmine sah sich manchmal auch Lauras Temperament gnädig an, wenn sie den ergebenen Blick aus ihren blauen Kinderaugen gewahrte, mit dem sie früher beim Deklamieren zu ihr hochgesehen hatte. Sie war dann über den insgeheimen Gehorsam ihrer Tochter beruhigt.

In der Gastwirtschaft gab Wilhelmine abendlich die »Predigt eines Dorfpfarrers«, viele Witze und Anekdoten zum Besten. Das mit dem Dorfpfarrer war eine lustige Persiflage, die sie seit Jugendtagen auswendig konnte. Sie hatte es wegen der angenehm witzigen Wirkung einstudiert und sprach ihn im Dialekt ihrer Stadt, das klang ungefähr so:

„Wenn der Jünglink mit das Mädsken durch die Büchske sleicht, und er ihr Smeicheleien sacht ob ihrer rundlichen Gestalt – dann is es Zeit für euch, christliche Eltern, euch dazwisken zu misken. Denn ihre Wege führen zum Argen! Drum chehet hin und tuet desgleichen!“

Laura fand diese Rede so gut und sonderbar, dass auch sie sie auswendig lernte, und jetzt war ja auch die bessere Zeit gekommen, jetzt lachten sie wieder, die Verwandten und Bekannten.

Wilhelmines Rede des Dorfpfarrers war lang, immer wieder hörte man drüben in der Gastwirtschaft die Bekannten lachen.

Wenn Laura allein war, übte sie, auch so zu sprechen, sie träumte davon, auch einmal so zu wirken, oder gar, so etwas vortragen zu können. Das war vielleicht andererseits genau so wichtig wie »Hildegundens Klage am Grabe der Mutter« Die Gedichte aus »Dreizehnlinden« hatte sie natürlich auch längst auswendig gelernt. Laura befürchtete jedoch sehr, dass es nie so gut wirken könne wie bei Wilhelmine. Deshalb, weil es eben nachgemacht wäre. Sie dachte verzagt, dass ihre Mama alles glänzend konnte, was sie nie lernen würde.

Wilhelmine sprach nach ihrem humoristischen Vortrag in der Gastwirtschaft natürlich sogleich wieder ihr klingenscharfes Hochdeutsch, und jeder würde bemerken, wie gut sie das zu unterscheiden verstand. Natürlich auch, dass beides ihrem Talent entsprach.

Viele Dialekte nachsprechen zu können war überhaupt eine Fähigkeit von ihr – Berlinerisch, Wienerisch, Sächsisch, Westfälisch, Kölsch – und dann immer danach die echte gehobene Sprache, Hochdeutsch. Auch kannte sie viele Fremdworte, die sie sich aus Büchern gemerkt hatte. Sie merkte nicht, welche sie falsch aussprach, und das sagte ihr auch keiner. Niemand sollte von ihr denken, dass sie, wie ihr Gatte, nahezu nur im rheinischen Dialekt reden konnte, oder dass sie so etwas von Zuhause gewöhnt wäre.

Lauras Vater machten ihre Vorträge und Witze großen Eindruck, er strahlte sie an. Der verliebte Johann, wie alle ihn kannten.

Er mochte es gern, wenn sie den Leuten gefiel.

Er empfand sie jedoch manchmal als sonderbare Mutter, das behielt er für sich. In seiner Familie hatte man ganz andere Vorstellungen von Erziehung gehabt.

Aber es nutzte ja nichts, zu streiten. Sie war seine Frau und er kritisierte sie niemals, schon gar nicht vor anderen. Sie rügte ihn dann, er würde sich um die Erziehung der Kinder nicht kümmern.

Die frühen Wünsche von Vater und Tochter

Was die tiefer gelegenen Wünsche von Vater und Tochter betraf, so kann man sie als recht haltbar bezeichnen. Der fahrende Zirkus und der fahrende Mercedes sollten weiterhin geheim im Begehren der beiden bleiben.

Es ist zu beobachten, dass das Erfüllen auch der Wünsche eines Menschen einem Regime untersteht, das in gewissen Kreisen »Gottes Weiser Rat« genannt wird. Dennoch ist es nicht immer irrtümlich, anzunehmen, dass anhaltend heftiges Wünschen manchmal den Begehrlichen zum Ziel führt. Wenig wird in beiden Fällen in Betracht gezogen, dass sowohl der weise Rat, als auch der betreffende Mensch selber seine Wünsche erst einmal gründlich untersuchen sollte! Johann hatte seine Wilhelmine, allem Anschein nach, durch Willenskraft gewonnen; er war überzeugt, dass er auch einen schönen Mercedes dank seiner Willenskraft eines Tages in seinen Hof einfahren würde. Er würde einen Mercedes haben, wie sein Vater einen Horch gehabt hatte.

Sonderbarerweise fiel ihm dabei nicht auf, dass dieser Hof mit dem Glasdach für einen Mercedes zu klein war.

In dieser Zeit war vielen Menschen das Gleiche geschehen: Der Krieg hatte die Städte kaputt geschlagen, Soldaten fuhren in großen holpernden Wagen zur Front, Zivilisten liefen in die Keller, Sirenen jaulten, blecherne Stimmen hallten aus Lautsprechern, und andres gab es nicht anzuhören. Bald breitete sich ein gelblicher Staub über alle Gebäude aus. Es war der, der vom immer fallenden und rutschenden Geröll nach Bombenangriffen herunterkam.

Das Essen wurde weniger, die Nachrichten schlechter, die Wahrheit gefärbt. Es dauerte lange. Flüchten, Zittern, zur Front geschickt werden, in fernen Gebieten frieren, eingehen, oder daheim in die Evakuierungen fliehen. Wieder auftauchen. Organisieren, aufräumen, erneut flüchten. Bis endlich das eintrat, was die Leute »den Zusammenbruch« nannten. Was dann der letzte der Zusammenbrüche war; jetzt war es plötzlich still. Ganz still.

Dann tanzten sie herum, bleich, mager, aber plötzlich aufgeweckt, und sie riefen: „Der Krieg ist aus!“

Als die Zeit der faden, nun erreichten miserabelsten Verhältnisse sich langsam besserte, und es ist ja nie die Zeit, sondern es sind die Kehrtwendungen, die Besserung bewirken, ging es, wie die Leute sagten, aufwärts.

Johann W. hatte peu à peu den Wiederaufbau seines Hauses in Angriff genommen. Es nutzte nichts, zu hadern über das, was der Krieg weggefegt hatte. Der Anbau und der Hof mit dem Glasdach waren nicht zerstört. Johann W. freute sich sogar über den Erwerb eines Autos. Dieses war, wie er dachte, hässlich.

Aber es fuhr. Zudem war es eine Höchstleistung der Findigkeit, überhaupt zu einem Auto zu kommen.

Natürlich war seine bekannte Willenskraft im Spiel gewesen.

Er kam unter Ächzen zu dem ihm höchst erreichbaren Genuss, dem des Fahrens, wenn das auch nun sehr gemächlich und äußerst vorsichtig passierte, denn überall auf den Straßen lagen die Trümmer.

In seinem Kind Laura war der Wunsch und der eiserne Wille nach dem fahrenden Zirkus und dem Dompteur mit dem schwarzen Schnäuzer noch nicht erwacht, sie war noch zu klein für ein derartig großes Begehren. Sie sollte später einmal traurig nachfühlen, wie schön es ist, für ein großes Begehren noch zu klein zu sein.

Dass Johann das Nachkriegs-Auto, einen »Tempo«, ergattert hatte, war nicht zu vergleichen mit dem Erwerb des früheren Horch und dem ehemaligen köstlichen Aufschwung durch einen noblen Wagen, als nämlich seine alte Familie wegen des Auto-Besitzes zu den Pionieren gezählt hatte. Das Ansehen, zu dem man durch einen so großen Wagen – also dessen, was historisch zuvor die Kutsche einmal bedeutet hatte – kam, war durch einen Tempo keinesfalls zu erreichen.

Damals hatte die ganze Welt des Viertels auf Familie W. achtungsvoll geblickt, ja, ganz still war es, wenn sie in ihrem Horch vorbeifuhren. Und Johann W. hatte chauffiert. Nie würde aus seiner Brust das Gefühl weichen, wie er einmal ihren eigenen Horch chauffiert hatte. Das blieb damals der Familie so lange eine Gewohnheit, dass es jedem von ihnen unvorstellbar gewesen war, dieser Wohlstand könne enden.

Aber in den Pausen zwischen den Kriegen hatte Johann W. es mit seiner Willensanstrengung zu einem »Buick« gebracht! Auch das Gefühl, einen Buick zu chauffieren, würde nie aus seiner Brust weichen. Was jetzt passierte, hatte mit ihm selber wenig zu tun, wohl aber mit seinem Fleiß und seiner Umsicht, so wie der Kraft, die Familie zu erhalten.

Jetzt hatte er einen Tempo organisiert, danach sollte es ein Volkswagen und dann ein Mittelklasse-Opel werden – was gegenüber dem Tempo Aufstieg bedeutete. Er musste froh darüber sein, und er war froh.

Neben dem Wunsch nach einer teuren, komfortablen, eleganten Limousine blieb in seinem Wesen auch das an ihm oft gerühmte Genügsame weiterhin vorhanden. Er sprach nicht, er tat. Wer Johann W. war, konnte jeder sehen, der ansah, was er tat.

Wilhelmine aber vermisste, dass er sprach. Hochdeutsch.

In den frühen Zeiten in dieser Vorstadt waren Limousinen, Personenkraftwagen, als Wunder menschlicher Erfindungsgabe bestaunt worden.

Eindrücke, die den Menschen die schönen und kräftigen Automobile vermitteln, schwanken.

Später kam die Vorstellung der wahren Wunder durch die unangenehme Häufung und die Industrialisierung des Wunders zu Schaden. Immer noch wollte jeder ein Auto haben, aber die Straßen wurden überflutet von den Kraftwagen.

In der Pionierzeit der Limousinen hatte Wilhelmine es vielleicht auch genossen, in eine Familie mit Horch einzuheiraten. Jetzt stand ein Tempo im Hof, und sie war der Welt böse, die solches mit ihr angestellt hatte.

Sie mühte sich jedoch, nicht sichtbar hämisch darüber zu lächeln, es musste ja weitergehen, das Leben. Sie arbeitete kräftig mit, obwohl sie nicht sonderlich kräftig war. Auch hatte sie für sich und ihre eigenen Wünsche längst eine Lösung geschaffen. Ihre Wünsche wiederum wurden nicht dank eines eisernen Willens in die Wirklichkeit gebracht, sondern dank ihrer glänzenden Augen.

Der Prestigeverlust durch den Verlust der Limousine kam für Johann W. auch mit der Industrialisierung, und der Vermassung des Karosseriestils der Limousinen zusammen. Das Automobil sollte jetzt Fußgänger in Scharen beiseite bringen und durch Ampeln ihre Wege bestimmen. Das Städtebild wurde allerorts in ein

Bild der Machthabe parkender, fahrender, zu vieler, zu bunter und zu wenig eleganter Autos gewandelt. Ununterbrochene und wenig natürliche Bewegung in den Straßen sollten diese Autoschlangen werden, die sich in den reicheren Ländern täglich bilden würden und dort die Luft verderben.

Lange zuvor hatte also Johann W. mit List und Tücke seinen Tempo, dann den Opel ergattert, aber Senior und Junior W. hatten eben andersartige Automobil-Vorstellungen aus der Vergangenheit.

In diesen guten alten Zeiten, wie sie in den Erinnerungen etikettiert werden, hatten fleißige Menschen ihren anspruchsvollen Traum von edlen Wagen durch Fleiß, Mut und Kraft verwirklichen können.

Noch immer geisterte der „Horch" in den Köpfen der Familie herum, bevor er einmal ganz vergessen werden sollte. Er machte klar, was man verloren hatte: Einen Sechssitzer, den würdigen Wagen, diesen unvergleichlichen mit dem Faltdach! Dann verschollenes Gebilde eines vergangenen Wohlstands und der Sonntagsausflüge, Picknicks, natürlich immer bei herrlichem Wetter. Und wochentags hatten Vater und Sohn ihren »Horch« zu ihren besten Kunden kutschiert.

Diese Familie W., die sich eine stolze Familie nannte, hatte zusammengehalten. Und der »Horch« hatte der Nachbarschaft imponiert.

Auf sonderbare Weise scheint häufig die Achtung, die Menschen gezollt wird, gepaart mit Neid. Neid, den der zwiespältige Beobachter vor dem Geachteten versteckt. Noch sonderbarer ist, dass der derart geachtete Mensch oft beides genießt. Die Familie W. hatte zwar nicht im Sinn, Neid zu erregen, aber sie tat es. Was ihr lediglich gezeigt wurde, war Achtung.

Ein jüdischer alter Freund des Senior W. hatte ihm einmal lächelnd geraten:

„Fahren Sie immer hübsch langsam, damit man sehen kann, dass Sie reich sind."

In der viel später einsetzenden Epoche sollte ein Automobil dadurch begehrenswert werden, dass es imstande wäre, ungeheuer schnell zu fahren. Wer nun reich wäre, würde rasen müssen.

Was für eine andre Zeit!

Erwachsen geworden betrachtete Laura auf den frühen kleinen Fotos mit dem Zackenrand den einzigen männlichen Nachfahren ihres Großvaters, ihren Vater, Johann. Einer hatte gesagt: „Der mit dem klaren Gesicht."

Sie sah, wie er hinter dem Steuer dieses Horch saß. Die Nachbarn hatten ihn gern gehabt; wenn ein Betuchter schüchtern ist, entfällt oft der Neid. Die Nachbarn hatten einander zugeraunt, der junge Johann W. verstünde zudem auch etwas vom Reparieren, er könne alles reparieren, auch den »Horch«.

Die alten Personenkraftwagen, die ersten selbsttätig fahrenden Maschinen auf Rädern, kamen nicht selten ins Stocken, mit einem stählernen Schwengel mussten sie wieder angekurbelt werden. „Anlassen" hieß das. Handarbeit. Sie geschah mit Schwung, gegen einen Widerstand, es war das richtige Wort für diese, den Strom des Kraftwagenmotors wieder in Gang setzende Handlung.

Der Fahrer sollte aber auch wissen, wo der Fehler zu suchen war, wenn der Anlasser oder ein anderes Teil des Wagens blockiert war. Johann W. war in diesem Wissen seinem Vater überlegen.

Herr W. junior und Herr W. senior erschienen mit ihrem »Horch« wie ausgestellt; und vielleicht waren darum alle W.' s, wenn man ausfuhr, schön und korrekt gekleidet. Der gestrenge Patriarch, der den Ton angab, stand beim Reparieren des Wagens wie ein Dummkopf neben Johann. Er sah auf den wohlgeratenen Sohn. Und Johann, den sein Vater bei anderen Gelegenheiten eher maßregelte, der Schüchterne, hatte plötzlich einen kühnen Zug im Gesicht.

Nun also, viele Jahre später, hatte Johann nach dem Tempo einen gebrauchten Opel. Laura wuchs heran zu einer »jungen

Dame«, wie die Verwandten sagten. Laura mochte keine junge Dame sein.

„Sie hat Flausen im Kopf", meinten nun die Verwandten. Wilhelmine dachte: Flausen im Kopf hat das Kind immer schon gehabt. Obwohl sie von deren geliebtem Dompteur gar nichts wusste.

Das Thema Auto wurde Laura langsam lästig. Sie hatte Autos gerade jetzt erst einmal nicht gern, weil ihr Vater zu oft von ihnen sprach. Der Horch war doch längst verschollen! Und der Buick auch. Aber Johann's großes Wertbeimessen, wenn es um Automobile ging, schien geblieben zu sein. Über Autos sprach er, der Schweigsame, sogar ausführlich und mit Fachkenntnissen.

Von diesem Fach wiederum verstand Wilhelmine rein gar nichts, weder in Hochdeutsch noch im Dialekt.

Erst als Laura fünfzig Jahre alt war und ihr Vater nicht mehr lebte, sollte sie ihn auf der Fotografie mit dem Horch wieder ansehen. So hatte er also am Steuer gesessen, mit einer englischen Kappe auf dem Kopf, so gut und solide angezogen. War das der echte Johann? Später war ihm gewiss etwas zugestoßen, es musste ihm etwas verlorengegangen sein. In seinen Zügen, die sie später kannte, war die scheue Jugend wenig noch zu sehen; hier saß er im Bild weiterhin neben dem viel länger schon verstorbenen Großvater, einem stattlichen Mann. Vielleicht hatte er damals nicht viel zu sagen, aber er gehörte da hin.

Wilhelmine sagte über den Schwiegervater:

„Der regierte mit den Augen." Oder: „Der hatte stechende Augen."

Das hatte ihr wenig gepasst, vielleicht hatte auch sie seinem Blick zu gehorchen, und später sollte er es ihr büßen.

Der Großvater fiel auch Laura auf dem Foto durch die dunklen Augen auf, die Wilhelmine »stechend« genannt hatte. Ebenso durch seine feine, gebogene Nase. Sie fand sein Gesicht eher vornehm. Dann bemerkte sie: Ich habe die gleiche Nase.

Was hatte sie überhaupt – von ihm, dem Großvater? Die Form der Hand, oval. Auch die Art, wie die Finger zusammenliefen. Sie spürte in ihrer Haltung plötzlich etwas von der Haltung ihres Großvaters, die Schultern vorgebeugt, die Arme leicht zurückgenommen. So lange er lebte, war ihr nichts dergleichen aufgefallen. Er rückte jetzt näher. Wie hatte er gesprochen? Sie hörte seine Stimme. Eine Stimme, die sie stets überhört hatte. Wer weiß schon, was er sich einmal gemerkt haben wird? Jetzt hörte sie ihn, seine Sprichwörter, mit welchen er sich oft aus der Affäre zog.

Bei seinem Begräbnis hatte Johann starr an dem Loch auf dem Friedhof gestanden, in das der Großvater versenkt wurde.

Nie hatte sie ihn so starr gesehen, das Gesicht versteinert, und nicht im mindesten verstanden, was er dachte und gefühlt hatte.

Des Großvaters Geheimnisse

Jetzt hörte sie ihrem Großvater zu.

In schwierigen Situationen pflegte er mit rheinischem Ton zu sagen: „Spitz, pass op!“ So, als spräche er zu einem Hund. Aber er hatte keinen Hund. Sie musste jetzt darüber lächeln. War ein ehelicher oder ein Liebeskonflikt in der Familie entstanden, meinte er knapp:

„Dat schlimmste opp der Welt sinn Mannslück und Fraulück.“

Kamen Gerüchte aus der Nachbarschaft beim Essen allen zu Gehör, brach er den Tratsch ab mit nur einem Satz, jetzt streng Hochdeutsch:

„Das geht uns nichts an.“

In seinem späten Witwerleben war der Großvater oft ausgegangen. Laura hatte gehört, er solle z w e i Freundinnen haben! Und dass er diese abwechselnd in verschiedenen Cafés in der Stadt treffe. Laura dachte: Die Frauen mögen ihn also. Besonders Wilhelmine munkelte über seine Verabredungen. Eine der beiden, Frau Bergum, sah Laura manchmal auf der

Strasse, sie wohnte gegenüber dem großen Haus, das des Großvaters Haus war und in welchem er im ersten Stock residiert hatte. Eine freundliche blonde Frau, die Laura stets warmherzig ansah. Laura dachte: Sie sieht mich so an, weil sie meinen Großvater in meinem Gesicht entdeckt. Und sie strahlte zurück, denn sie mochte Frau Bergum. Die junge und die ältere hatten in ihren Blicken eine gewisse Kumpanei, und Laura dachte: Jetzt hat der Opa sie noch einmal angesehen! Ja, der blickt durch mich hindurch! Der Opa war lange tot, und sie merkte: Frau Bergum vermisst ihn.

Und was Wilhelmine verbreitet hatte, von noch einer anderen, ob das stimmte? Diese sah man nie, sie blieb namenlos. In des Großvaters Innenleben hätte Laura früher gern hineingesehen, und auch gewusst, ob er ein zärtlicher, für die Frauen begehrenswerter Mann gewesen war.

Das Verhaltene an ihm schien zu seinen Lebzeiten so gefürchtet wie geachtet. Wilhelmine schalt ihn geizig.

Später fiel Laura ein: Aber sie, Wilhelmine, hatte doch beide Häuser von ihm bekommen, durch Vereinbarungen und Testamente. Zwar musste sie die andren Kinder auszahlen, aber es war ihr gelungen, waren es »raffinierte« Vorgänge gewesen? Laura verstand die Gedankenwelt ihrer Mutter wenig, und diese vermisste einen sogenannten gesunden Menschenverstand an ihrem Kind. Wilhelmines umsichtige Gedanken sollten aber Johann wie Laura später nutzen.

Der Großvater. Wie war er bloß gewesen? Warum hatte sie ihn so wenig erkannt?

„Herr W. senior, eine Respektperson“, hatte die Cousine gesagt, „er hat für fünf Kinder und zwei Ehefrauen gesorgt ... Und aus all seinen Kindern sind gute ordentliche Menschen geworden.“

Zwei Häuser hatte er gehabt und erhalten, um am Ende nach dem Krieg in einem Zimmerchen des Anbaus bei Johann W., seinem Sohn und dessen Frau Wilhelmine, im Alter unterzukommen ... Wie traurig, und das, bevor das Letzte kam: Das Altenheim. Er hatte alles mit Fassung getragen. Laura begann zum ersten Mal darüber nachzudenken, welche Berg- und Talfahrten des Wohlstands das Schicksal einem bereithalten kann. Sie hatte gefühlt, dass mit der Anwesenheit des Großvaters bei ihnen zu Hause etwas nicht stimmte. Im Altenheim hatte sie ihn nie besucht. Was an all dem nicht stimmte, blieb ihr zudem unklar. Als sie lange nach seinem Tod innerlich seine Stimme hörte, hätte sie ihn gern in dem Heim besucht, oder ihn wieder angesehen, mit ihm gesprochen.

Nun war es zu spät; im Leben war er ihr ganz abhanden gekommen, und dann vermisste sie seine Gegenwart. Sie fand auch nie heraus, welche Gefühle ihr Vater Johann ihm gegenüber gehegt hatte, nichts war davon zutage getreten. In Familien kann ein Schweigen sein, dachte sie, das einer Wand gleicht, durch die kein Ton dringt.

Wilhelmine hatte leider zu häufig von seinem Geiz gesprochen, und dass er Kindern nie etwas schenke, sie sogar nicht beachte. Keiner hatte gefragt, warum es so sei. Sie sah ihn nun: Er saß in der Küche und schälte Zwiebeln, in einem Nadelstreifenanzug. Eine schöne goldene Uhrkette hing an seiner Weste und ging bis zu der kleinen Seitentasche. Er war schlank, ernst, ein feiner Mann. Dass dieser dasaß mit den Zwiebeln, passte nicht zu ihm. Er half, aber es wirkte entwürdigend. Er hatte die Ehre verloren? Mit dem Besitz, dem Ansehen, der eignen geräumigen Wohnung war ihm vielleicht seine Welt abhanden gekommen, als er alt und gebrechlich war.

Zuvor waren seine Ehefrauen gestorben. Er ging aber weiterhin aus. Und als er noch älter war, irrte er nachts auf der Strasse herum, fand kein Ziel. Was bedeutete es, dass alte Leute nachts herumstreunten, wie weggelaufene Kinder? Damals selber als Kind fand sie die goldene Uhrkette schön, die über seine feine Weste ging. Jetzt merkte sie: Sie wusste nichts über ihn. Sie hatte nur immer mehr beobachtet, dass er alt war, und was alt sein bedeutete, wusste sie auch nicht. Sie dachte nie: Mein Opa.

Wilhelmine machte sich manchmal über ihn lustig, wenn er einmal wieder bescheiden gefragt hatte: „Kann ich gleich kurz in die Badewanne springen?“ Ja, und wenn er gebadet hatte, ging er aus, auch zu seinen Sängerfreunden. Sie verstand jetzt leise, warum er oft ausgegangen war. Das Zimmerchen seiner Endzeit hatte über der Räucherkammer gelegen, und oft war die Luft dort unerträglich.

Wilhelmine hatte es so bestimmt. In seinem großen Haus hatte der gebrechlich gewordene Mann nicht mehr leben können, und es war auch bereits vererbt. In der ersten Etage hatte er gelebt mit seiner ersten und zweiten Frau, seinen Kindern. Nichts davon war mehr erkennbar. Zwischen den dunklen Möbeln aus Eiche, von welchen die Nachkommen nun einige besaßen. Sie sah innerlich noch einmal in diese kühlen Zimmer mit den hohen Decken, irgendwann hatte sie diese Wohnung einmal betreten, nur ein Mal.

Er hatte den beiden alles vermacht. Wilhelmine hatte dafür gesorgt. Weil man nichts über ihn herausbekam, war er in Laura eine Frage geblieben. Auch Wilhelmine hatte den Großvater kaum beachtet, nur war er, wie abgemacht, aufgenommen worden.

Auf kleinen Fotos sah Laura eine sehr hübsche junge Frau neben dem älteren Großvater bei ihrer Eltern Hochzeit stehen. Als nämlich seine zweite Frau gestorben war, sollte den Großvater eine junge Verkäuferin geliebt haben. Seine Kinder beobachteten Vater und Mädchen mit Argwohn und Abfälligkeit.

„Unsere Mutter ist gestorben! Es ist noch nicht so lange her. Und sie war wieder in seinem Zimmer!“, hatte Johanns Lieblingsschwester einmal gerufen. Es hatte also nichts genutzt, es heimlich tun zu wollen, Kinder benehmen sich wie Spione, wenn eine Fremde in die Familie kommt, und sie sind gnadenlos. Laura fand diese Geliebte auf dem kleinen Foto wunderbar, ein feines natürliches Mädchen mit starkem, gewelltem Haar. Die also hatte sich in den Großvater verliebt. So ein schönes Mädchen! Ja, in diesen älteren Witwer. Und der hatte sie mitgenommen zu der Fahrt der Hochzeit seiner Kinder. Natürlich hatte er dennoch nie etwas verraten. Sein Schweigen schien der Gewissheit zu entspringen, dass ein Mensch nicht verstanden werden kann, und nicht nur das Schweigen an dieser Stelle.

Wenn einmal offen über Schwierigkeiten beraten wurde, hatte er oft nur den einen Satz wieder und wieder gesagt, den Laura nicht verstand:

„Die Zick, die kütt. Dat Vüjelche singt.“ Die Zeit, die kommt, das Vöglein singt.

Wilhelmine meinte dazu: „Sätze, mit denen ein Mensch sich heraushilft!“

Warum so abfällig? Es waren heitere und immer ein wenig geheimnisvolle Sätze, mit denen er niemanden verletzte und sich in nichts einmischte. Laura merkte, dass Wilhelmine die Dezenz des Großvaters nicht wahrnahm; Achtung vor einem Menschen schien allgemein das Schwerste ihr zu bedeuten.

Viel war vorgekommen in der weitläufigen Familie des Großvaters. Die ganze irdische Möglichkeit, bestehend aus fortlaufender Arbeit, Verantwortung für Kinder, Geldangelegenheiten, Krankheit, Festen, Fahrten, Krieg, Arztkosten, Inflation, Begräbnissen, lustigen Familientreffen, und unsagbaren Verzweiflungen über die zu früh gestorbenen.

Hinter den großen schönen und repräsentativen Familienfotos, zu denen er in allen Perioden einen Fotografen beauftragt hatte, stand Tradition, Gutbürgerlichkeit, bewusstes Selbständigsein, Anstand, geheim Verzwicktes, offen Korrektes, wahrhaft Fröhliches, und aus Gründen der Contenance Überdecktes.

Auf den ältesten Fotos sahen sie aus wie eine vielköpfige ehrbare Landfamilie mit ihrem Patriarchen und seiner ruhigen, fröhlichen Frau. Nirgends wurde bemerkbar, dass dem würdigen Großvater im Leben auch das widerfahren war, was anderen ohnehin selten klar wird: Das Gewaltige und das Gemeine.

Mit so etwas hat man fertig zu werden. Er stand weiterhin in diesen Fotos als der Ehrenmann, hoch der Kopf, gerade die Haltung, ruhig der Blick. Feine Hände, und Prinzipien im Leib. Ja, Prinzipien. Darüber gab er manchmal einfache Auskunft, die seine Kinder gern wiederholten:

„Du kannst ja hinfallen, aber du musst auch wieder aufstehen."

Oder: „Zu lügen braucht keiner. Das ist nicht notwendig. Man kann ja nichts sagen."

Alle in der Familie, sah Laura auf den Fotos, hatten eine dunklere Haut als bei deutschen Menschen üblich, und sie hatten südliche Züge. Außer ihr, dachte sie, und ihrem Vater hatten alle dunkle braune Augen, starkes schwarzes Haar. So, als stammten sie von Italienern ab.

Der italienische oder römische Zug in rheinischen Gesichtern wird auch im Allgemeinen von Fremden oft bemerkt. Nur Johann W. schlug aus der Art, oder sie beide, mit diesen besonders blauen Augen.

Wie sie ihn als Kind angeblickt hatte, ihren Papa, sie fühlte es immer noch. Und Johann fühlte, wie sehr sie sein Kind war. Das lichte Blau ihrer Augen hatte sich verstanden, und sie hatten es schön gefunden.

Johann hatte dazu diese tiefschwarzen Haare gehabt, was eine seltene und reizvolle Zusammenstellung ist.

Laura war eine Blonde geworden, so blond wie Wilhelmine.

In der Jugendzeit meinte Laura einmal zu einer Schulfreundin:

„Ich finde Männer mit schwarzen Haaren und blauen Augen schön! Davon gibt es nicht viele."

Ohne zu wissen, woran, an wen sie dies erinnerte.

Sie kannte keinen einzigen jungen Mann mit schwarzen Haaren und blauen Augen.

Und jetzt blickte sie auf das Foto des jungen Mannes, der längst tot war.

Wechselnde Wirkungen von Ablichtungen

Fotos scheinen als Allegorien zu wirken, die immer wieder andere Eindrücke erwecken. Das, und wechselnde Stimmungen hervorrufen.

Der Aufmerksame betrachtet sie von Zeit zu Zeit als ihm neue Bilder, oder er selber sieht sie mit anderen Augen. Es ist, als würden sich die Fotos und der Betrachter im Wechsel verändern. Aber die Fotos verändern sich nicht, sie verkörpern einen festen Bestand, einen seltenen Bestand im Wechsel der fortlaufend sich ändernden Umstände. Sie sind feste Bilder, auf die der Blick immer wieder anders ausgerichtet wird. Darum sind Fotoalben in den Familien wie ein eigenes, lebendiges, stets bewegtes Kino.

Laura hatte über ihren Vater viel nachgedacht, schwankend, beeinflusst, traurig, manchmal klar. Er tat, was sich gehört, dachte sie. Er war leicht zufrieden. Er war ein leiser Mensch. Und das Maß, in dem er verkannt worden war, musste aus einem sonderbaren Schicksal auf ihn zugekommen sein. Oder geht es bescheidenen Menschen häufig so, dass sie verkannt werden?

Wie war er wohl, wenn er leidenschaftlich war? Und war er leidenschaftlich gewesen? Fragen sich das die eigenen Kinder oft?

Sie dachte es plötzlich mit einem tiefen Atemzug, und ganz anders, als Wilhelmine es gemeint hätte: Er war ein braver Mensch, mein Vater. Und ohne alles Aufgetragene oder Angeberische ein schöner junger Mann.

Die alte Fotografie mit dem Horch wurde immer wieder vorgeholt; stets hatte sie andere Bedeutung, Laura sah immer tiefer in das Bild und die damaligen Umstände hinein. Sie begann, auf diesen Vater stolz zu sein.

Eines Tages erzählte sie einem jungen Verehrer etwas, das begann so:

„Als mein Vater noch diesen Horch fuhr ...“

Darauf fragte der junge Mann: „In deiner Familie fuhr man einen „Horch“?

Laura vergaß, was sie weiter erzählen wollte, aus dem mattierten Glanz seiner Augen las sie den Gedanken: Die waren ja reich … Nie hatte sie das erkannt. Also ein Wohlstand, der ihr selber nie erblüht war, schien bei diesem Sprechen auf sie abzufärben?

Dokumente besserer Zeiten

Jetzt wurde die alte Fotografie »zum Beweisstück«.

Laura, die sich immer schlecht und recht herumgeschlagen hatte, sich arm gefühlt – und die Existenzialisten ohne es zu wissen, auch zum Trost gelesen hatte – fühlte sich zum ersten Mal als eine Betuchte, oder eine, die nicht aus einer armen Familie stammt. Etwas, worauf sie früher nicht den geringsten Wert gelegt hatte. Das Gutbürgerliche der Familie war ihr eher als unangenehme Biederkeit vorgekommen, und sie hatte die Ihren allesamt als spießig empfunden. Eine nahe Freundin hatte aber früher einmal bemerkt:

„Du wirkst, als kämest du aus dem Großbürgertum. Eine Linke zu sein, würde man dir nicht abkaufen.“

Laura gestand sich lange nicht ein, dass sie gern aus der Familie mit dem Horch stammte. Welchen Einfluss solch alte Fotos haben, im Vergleich mit der sich verändernden, immer nur so kurz aktuellen Geschichte, ist undurchsichtig. Aber gewiss ist es ein beachtlicher Einfluss, der ohne sie nicht zustande kommen könnte. Laura liebte sozusagen »die unerschütterliche Geistesgegenwart des Fotos« ebenso, wie ihr Vater diese schon geliebt hatte, denn auch er dokumentierte auf allen Ebenen des Lebens per Foto.

Vielleicht war Johann W. ganz anders mit dieser Tatsache verfahren und immer schon stolz darauf gewesen. Ja, er war im Viertel ein angesehener Mann und »Selbstständiger«. Das hörte sie immer wieder in Gesprächen, dieses Wort »selbstständig«, das ihre Eltern von den Angestellten, Arbeitern, Beamten, Lehrern, ja selbst Pastoren abzugrenzen schien. Sie begriff nicht, oder erst viel später, warum Johann W. so stolz darauf war. Schon früh war ihr dennoch klar, dass, obwohl er das Bedienen der Kunden nicht liebte, er doch niemals im Tausch »ein angestellter Mensch« hätte sein mögen. Sie dachte auch: Man hätte ihn rausgeworfen, er hätte sich nicht angepasst. Sie fühlte auch, dass das »Selbstständigsein« so etwas wie der Natur Unterworfenes war, es ging nicht immer gleich gut, das Geschäft schwankte in den Erträgen wie die Nordsee in ihren Gezeiten, dabei aber unregelmäßiger.

Sie stammte also nicht von armen Leuten ab ...

Lauras geringes Einkommen war in den letzten Jahren nicht mehr ihrem Hang zur Bohème oder der Künstlerwelt zuzuschreiben. Früher hatten sie und ihre Freunde die Armut der Bohème als romantisch empfunden. Nun aber zeigte sie das Foto vor. Ohne es selber weiter zu betrachten, sie kannte es ja gut. Ihr Vater und Großvater, eine Familie mit einem Horch. Sie holte ihren Vater und das Statusymbol wie beiläufig aus dem Karton. Johann W. musste seiner Tochter als toter Vater nun herhalten zu Prestige.

Einem Prestige, das ihr früher nur verächtlich erschienen wäre. Wie hatte sich seine Tochter nur verändert!

Johann W. strebte immer noch nach seinem Mercedes und hatte ihn oft vor Augen als das zu erreichende Ziel. Er rechnete aus, was der Wagen kosten würde, und wie lange er zu sparen hätte.

Was Laura betraf, war nicht mehr das hohe Zirkusseil angestrebt, um sie über die Menge der Bornierten zu erheben. Auch nicht mehr der Dompteur mit den goldenen Knöpfen am Anzug und dem schwarzen Schnäuzer im Gesicht.

In gewisser Weise hatte sie in vielen Zirkuskuppeln auf hohem Seil jongliert und mit Bravour aufregende Dompteure in ihre Zimmer geführt, hatte sie selber gebändigt. Oder diese hatten Laura sich unterworfen. Es zeigte sich, dass keine Bändigung von Dauer ist.

Was hatte nun eigentlich mehr Wert? Das, was in seinen Prinzipien schon der Großvaters verkündet hatte – oder die großen Leidenschaften und Akte des Jonglierens? Immerhin: Tragödien konnte einer sich so oder so einhandeln. War der Großvater um Zweifel ganz herumgekommen?

War Johann W. sich seiner Kühnheit bewusst, als er Wilhelmine heiratete?

Es war Laura nun genug, auch sie hatte bekommen, was sie mit eisernem Willen erhalten, vorher geträumt und gewünscht hatte. Das grausame Schicksal hatte ab und zu ausgesetzt, ihren Wünschen zu gehorchen.

So, wie es auch mit Johann W. schon verfahren war.

Aber danach, wenn es einmal ausgesetzt hat, scheint das rechthaberische Schicksal mit seinem alten Trott wieder einzusetzen. Einem grausamen Lied, das der Leidenschaftliche nicht so abstellen kann, als käme es aus dem Radio. Dies Lied handelt davon, dass Wunscherfüllung geschehen kann, aber die höchsten Kosten verursacht, und dass das Schicksal bei der Bezahlung keinen Abstrich gewährt.

Zunehmenden Alters, und ganz gleich, ob es sich um bestehenden oder vergangenen Reichtum handelte, erschien es nun Laura besser, sich in den irdischen schönen und guten Gütern auszukennen. Zu gleicher Zeit begann sie, etwas von guter Küche und guten Weinen zu verstehen. Feine Stoffe und Dezenz der Kleidung waren ihr schon vorher recht lieb gewesen. Denn ein Mensch, der nie einen fruchtbaren Hintergrund durch finanziell stabile Mittel gehabt hat, „kennt nix", wie Johann W., ihr Vater, oft betont hatte. Also: So einer kennt keine Qualität, hat auch nicht die Freiheit, sie zu wählen. Das war es also gewesen, das Bürgerdenken von Tradition, Wachstum, Sicherheit und Fortschritt, welches, wie Johann W. meinte, man seinen

Kindern weitergeben soll. Früher hatte sie ihn dafür verachtet. Auch später wusste sie lange nicht, warum sie den jungen Mann in dem Horch nun auf einmal attraktiv und beachtlich fand.

Nicht immer hatten die W.'s. so sparsam gelebt, ohne splendide Zeichen von Eleganz und Großzügigkeit. Jetzt war das Foto ein Dokument, das es zeigte. Da kam aber einmal einer, der den Einwand wagte, diese Autos seien häufig defekt gewesen!

Laura entgegnete unwirsch:

„Dafür sind diese Autos heute total hässlich!"

Wie schon im Leben des Johann W. wurde nun auch im Leben seiner Tochter Laura der längst verschollene »Horch« eine Ur-Sache ...

Johann und die Reparaturen

Johann W. hatte seine Tradition des Reparierens beibehalten, ob man nun arm oder reich war, ob man sich vor oder nach einem Krieg fühlte.

Laura schätzte, im Gegensatz zu ihrer Mutter Wilhelmine, ihres Vaters Respekt vor Material. Weniger seine Sparsamkeit, aber sie merkte: Das hatte Hand und Fuß. Außerdem konnte er plötzlich sehr großzügig sein, als würde ein anderer, nobler, verschollener Mensch aus ihm auftauchen. Und wer weiß, welche Summe er schon für den Mercedes angespart hatte, der ihn vielleicht in die alte Zeit zurückführen sollte.

Man sagte: Er rettet, was zu retten ist. In Reden über diesen Johann W. brachten sie manchmal ironisch vor, er solle vom Papst heiliggesprochen werden, da er zutiefst bedacht sei, nichts verkommen zu lassen. Dass er so wahre Wunder vollbringe. Die leise Ironie entsprach Wilhelmines Reden.

Johann W. lebte nun wie alle anderen mit dem wachsenden Wohlstand in eine zynische Wegwerf-Gesellschaft hinein. Aber er reparierte immer noch alles, selbst billige Gegenstände. Weiterhin lag er unter seinem Auto und kroch schmutzig darunter wieder hervor. Nach dem Krieg unter den nachfolgenden Fahrzeugen, aber nun einmal keinem Buick und keinem Mercedes. Er hatte im Krieg gewiss auch unter Militärwagen, Transportern gelegen, so wie nach seiner Rückkehr unter diesem sonderbaren dreieckigen Tempo. Beim Militär hatte er zeitweise ein Motorrad gefahren, auch dieses hatte er im Falle eines Schadens sicher selber repariert. In der Nachkriegsära sehr schmal geworden, lag er dann unter einem Volkswagen und es folgten die Opel der Mittelklasse, auch ein Ford. Das alles tat er gewissenhaft, damit man die Kundschaft beliefern konnte, weil er gerne Auto fuhr, und damit die Familie des Sonntags zum Spazierenfahren eingeladen wurde.

Er zeigte den Seinen die schönsten nahen Gegenden, die Eifel, das Bergische Land, das Schmelzbachtal, das Wiedbachtal, die Rheinufer zu beiden Seiten, das Flüsschen Agger, die Mosel und die Ahr. Die Kinder fanden nichts dabei, es war ihnen selbstverständlich. Außerdem begannen sie, statt sich zu bedanken, oft im Fond des Wagens miteinender zu streiten. Später erkannten sie all die schönen Gegenden wieder und ihn, der sie ihnen gezeigt hatte. Johann W. fuhr mit Frau und Kindern aus, wie schon sein Vater es getan hatte, und er lud sie unterwegs stets nobel zum Essen ein.

Lieferungen an Restaurants und renommierte Hotels kamen erneut zustande, so hatte das jeweilige Auto auch einen Nutzwert.

Die Liebe bleibt

Alle Jahre, Jahrzehnte, seit seiner Verlobungszeit und Hochzeit mit ihr, über den Krieg und den scheinbaren Frieden hinweg, liebte Johann seine Wilhelmine. Und das, ganz gleich, wie weit sie in ihren Heimlichtuereien gegangen war.

Seine beiden Mädchen waren herangewachsen, durch alle Not, schlecht und recht, dann aufgeblüht und gesund. Hübsch waren sie auch. Wichtig nur, dass niemand in den Kriegswirren verlorengegangen war. Wilhelmine zitierte:

„Er zählt die Häupter seiner Lieben, und sieh, es fehlt kein teures Haupt!"

Johann W. hatte sie alle chauffiert, bei jedem Heimaturlaub, dann mit einem geliehenen Lastwagen zu ihrer Evakuierung gefahren, erst diese, dann eine andere, auf dem Land oder in einer kleinen Stadt. Er rettete die Seinen, nachdem im Bombenhagel sein Haus dem Erdboden gleich war. Er nahm sich, wenn er sie verloren hatte, irgendwoher die Kraft – und irgendwie musste es gehen. Sie sollten hinaus aus dem bombardierten Gebiet, weg von den Verwahrlosungen und aufkommenden Hungersnöten. Bis man im alten Viertel, in einem kleinen Teil des Anbaus inmitten der Trümmer, wieder unterkommen konnte.

Ohne auf seine Ermattung Rücksicht zu nehmen, begann Johann W., aus Russland heimgekehrt mit dem berüchtigten Wolynschen Fieber, Ekzemen an den Füßen und sichtbarer Unterernährung, das Haus mit einem befreundeten Maurer wieder aufzubauen. Sein altes Motto: „Man muss immer etwas vorhaben!" hatte den Krieg überdauert, und bewirkte mit seiner erwachenden eigenen Zeit das Ende des Notstands. Als das Haus im Rohbau wieder dastand und das Geschäft langsam über einen Schuttberg hinweg florierte, erklärte Johann W. im Hof mit dem Glasdach, das nicht zerstört worden war, seiner Tochter Laura den Wankel-Motor und den Otto-Motor. Von Mercedes-Motoren wurde nicht gesprochen.

Sie hörte widerspenstig zu. Aber sie tat es; denn so sprach ihr Vater mehr als gewohnt. Seit seiner Rückkehr aus Russland war er ein beinah verstummt. Laura verstand nichts von Motoren, sie wollte lieber, dass er mit ihr über das Geschehene, dieses »Dritte Reich« redete oder über das, was ihm widerfahren war. Auch über sie selber, ihre großen philosophischen Ansichten, die sie schon mit ihren sechzehn Jahren entwickelt hatte, über ihre Lust am Zirkus und am Malen, ihre wunderbaren Pläne, die erträumten Bücher mit Gedichten. Nun aber hörte sie sich selber über die Autos reden, mit ihm reden, damit er nur weiter sprach. Er hörte Laura ihr wirres Zeug vorbringen und antwortete nicht.

Da bemerkte sie auf einmal verächtlich, als er ihr die Solidität eines Opel-Motors erklärte:

„Opel fährt jeder Popel!"

Sie hatte es einen Schulkameraden sagen hören und jetzt wiederholt. Sie wusste, dass es ihn kränken würde. Er kränkte sie ja auch, dass er nur von Autos redete. Nie von Reisen, über andere Erdteile, und überhaupt: kluge Schriftsteller interessierten ihn nicht, auch, wenn er einige Gedichte auswendig sagen konnte und das sehr innig tat. Eben darum verstand sie ihn nicht. Warum sprach er nicht über Bücher ? Sie wollte von ihren Aufsätzen, von Sprachen, Balance-Akten und Ballett, über Jazz und moderne Musik reden.

Johann W. sprach nie über etwas, wovon er nicht viel verstand. Dass dieses eine hohe Qualität eines mäßig gebildeten Menschen ist, war Laura nicht in der Lage zu begreifen, noch nicht. Wenn Johann W. sich mit seinen Freunden, den anderen Handwerkern, abends vor der Haustüre unterhielt, sprachen sie auch über Autos. Manchmal auch über Fußball, oder über die Nachbarschaft, das Geschäft, die Tagesnachrichten. Das alles fand Laura langweilig.

Nur kannte sie eben auch, wie er schwärmte, manchmal vor ihr von dieser Musik und den großen Sängern, wobei es dann um seine, also um die ewige Kunst ging. Vor allem wiederholt von Joseph Schmidt, dem kleinen Juden, und von Schaljapin, dem großen Russen. Er, Johann W., sang ja auch selbst beeindruckend, das schien er zu wissen.

Wenn ihr Vater sang, hörte Laura sein Herz schlagen. Dann war sie mit ihm ganz und gar glücklich.

Aber er sprach nicht von ihren guten Zeugnissen, er unterschrieb sie nur. Das hätte sich doch für einen Vater gehört! Mit „Opel fährt jeder Popel“ hat er, was er verdient, dachte Laura. Er tat, als habe er ihre Bemerkung nicht gehört und zeigte keine Regung. Aber er war viel mehr gekränkt, als sie es gewollt hatte.

Sie erschrak. Sein Schweigen war noch schweigsamer, als sonst. Laura konnte nicht wissen, dass der Großvater seinen Sohn Johann auch nie gelobt hatte. Auch nicht, wenn er den „Horch“ wieder in Gang gesetzt hatte. So kannte Johann das nicht, was seine Tochter von ihm wollte.

Laura wiederum wusste nichts von der Zeit vor dem Kriege, in der ihr Vater einen eigenen, nach harter Arbeit errungenen „Buick“ besessen hatte.

Er aber wusste, dass sie von diesen besseren Limousinen nichts verstand, ebenso wenig wie von seinem derzeitigen Opel, sie konnte das alles nicht einmal unterscheiden – einen Opel von einem Buick! Sie wusste auch nicht, was eine Limousine ist oder ein Cabriolet, wie der Wankel- oder den Otto-Motor funktioniert. Was sollte er es ihr weiter erzählen? Sie machte sich eben über alles, jetzt den Opel lustig.

Und ja, man war halt ärmer geworden. Er war weniger angesehen, musste sich auch in seinem Geschmack bescheiden.

Es hatte gesessen, was sie gesagt hatte. Aber wie sollte sie schon wissen, warum.

Nachwirkungen der geheimen Art

Er wiederum konnte nicht, noch nicht und später nicht mehr: wissen, dass seine so widerspenstige Tochter heimlich Glanzfotos von schönen Automobilen sammeln würde! Besonders Limousinen und Cabriolets der Ära vor dem Zweiten Weltkrieg. Sie begann mit dem vornehmen Hispano-Suiza von 1922, dem Rolls Royce Phantom I von 1927, gefolgt vom Packard Phaeton von 1929. Dann kaufte sie Abbildungen vom Duesenberg Dual Cowl Phaeton von 1929, und weiter hatte sie bald hervorragende Bilder des Dupont Royal Town Car Modell G von 1930 und des Auburn Custom Speedster von 1933. Sehr stolz war sie auf die Ansichten des Packard Sport Phaeton von 1934, und, später, des Vanderbilts, weiterer Rolls Royces, Bilder der Buicks, Bugattis, Cadillacs, Chevrolets – und dann auch der ersten deutschen Luxuslimousinen. Nach genauem Hinsehen mochte sie später sogar den Opel Kapitän, fand diesen Opel eigenartig und abenteuerlich.

Ein berühmter Fotograf hatte sie einmal in einem Opel Kapitän nach Hause gefahren. Der Wagen wogte wie der französische Citroën.

Mit Mercedes befasste sie sich nicht, über ihn sprachen zu viele Leute. Laura kaufte sich zahlreiche Spielzeugautos, die den alten eleganten Wagen nachgebildet waren, sie tat das unter dem Vorwand, sie würde diese später ihren Kindern oder Enkelkindern schenken.

Aber sie lernte nie gut Autofahren. Den Führerschein gewann sie vorwiegend mit Charme, List und Konzentration. Sie vergaß sofort wieder alle Verkehrsregeln. Vielleicht fuhr ihr Vater zu gut.

Laura verbarg jedenfalls die Glanzfotos der Limousinen und Cabriolets. Sie liebte sie so, als seien sie Bilder von schönen Skulpturen. Das heißt, Skulpturen, die sich bewegen konnten. Sie empfand die Automobile als edel, von höchster Eleganz. Welche Erfindungen der Kultur, des guten Geschmacks, des Farb- und Formgefühls! So wie natürlich auch der Genialität in der Motorenkunde! Das letztere hieß: die Wagen hatten im Innern eine geheimnisvolle, wunderbar arbeitende Maschine, fast wie ein Perpetuum Mobile. Laura verglich diese Wagen auch mit schönen Menschen von betörendem Äußeren, auch mit deren eleganten Vorwärtsbewegungen. Bei beidem zählte eben: Der Gang, oder – die Gänge. Automobile waren ihr wie edle Menschen, denen innerlich unsichtbare, präzise arbeitende Organe beigegeben sind. Sie wusste nicht, ob das vielleicht mit den »Operationen« ihres Vaters unter dem Auto zu tun haben könne. Laura sprach beim Betrachten der Fotos die ehrwürdigen Namen gedehnt, deutlich aus, blickte scheu auf die schwungvollen Formen und die schnittigen Linien. Wie sie als Kind auf das Foto mit dem Horch geblickt hatte? Jedenfalls sah ihr Vater nie das eine oder andere Betrachten seiner Tochter dieser von ihm so geschätzten Wagen. Vielleicht erblickte er sie später, nach dem Tod aus dem Dunkel, bei ihrer Glanzfoto-Sammlung.

Die Schönheit alter Wagen – und die Farben der Karosserien

Was sie besonders zum Schwärmen anregte, waren die feinen Farbkombinationen. Limousinen und Cabriolets waren hochglanzlackiert. Tiefblaues Chassis und weiße Pneus mit Chromverstrebungen beim abgebildeten Dupont Royal Town Car. Taubenblau der Packard Sport Phaeton. Meerblau, Schwarz und gebrochenes Weiß beim Duesenberg Dual Cowl Phaeton. Sandfarbe mit glänzendem Schwarz kombiniert zierte den Hispano Siuza. Beige mit gleichfarbiger Lederausstattung, dazu weißen Reifen beim Auburn Custom Speedster, dazu hatte er noch eine Kühlerzeichnung und feine Streifen über Trittbrett und Wagentüren in Blassgelb. Alle diese Farben zusammen beim Packard Phaeton: Beige, Schwarz, Sandfarbe und, vornehm zurückhaltend – tiefer im Farbton – die Kotflügel: Aubergine! Der Rolls Royce, ein früher, besaß schwarze Reifen und schwarze Ledersitze, die Karosserie auf solidem Chassis leuchtete in Elfenbein.

Sie blickte selbstvergessen auf die Fotos.

Ja, leider: In seinem Leben hat Johann W. sie nie so sehen können.

Sie selber streifte kein Gedanke, dass ihre Verliebtheit in schöne Wagen vielleicht viel früher von ihrem Vater ausgegangen sei.

„Sieh mal, was ich entdeckt habe!", sagte sie zu einer Freundin und zeigte ihr die Sammlung schöner Automobile. Die Freundin wunderte sich, denn Laura verstand doch seit eh und je wenig von Autos, während die Freundin schon den Mercedes ihres Vaters fuhr, und das mit Können und Bravour.

„Du hast die Fahrschule doch nur mit großer Not überstanden, was hast du bloß mit diesen Fotos?", fragte sie.

Wie junge Männer damals Postkarten-Fotos schöner Schauspielerinnen mit kurvenreichen Figuren ansahen, zum Beispiel auf Rita Hayworth, Esther Williams oder Judy Garland, so besah sich Laura die eleganten, nun musealen Automobile. Später sollte sie in der Nähe von Antibes ein Automobil-Museum besuchen und sich in seinen Hallen sofort zu Hause fühlen. Sie ließ sie sich da mit einem Füßchen in der Sandale auf dem Trittbrett eines Horch fotografieren!

Laura erwähnte nicht, weder beim Betrachten der Fotos, noch der Wagen im Museum (die man jetzt respektlos »Oldtimer« nannte), dass ihr wortkarger Vater die Namen der Limousinen, Cabriolets und Sportwagen auch bereits fast alle gekannt hatte.

Obwohl nun Johann W. keines der schönen Fahrzeuge mehr besaß, sagte er noch immer nicht das Wort »Auto«, sprach weiter von »Wagen«.

„Ich bringe den Wagen in die Garage", sagte er abends zu Wilhelmine. Das Wort Auto sprachen nur die anderen aus, die Bekannten, die, welche auch gerne riefen: „Der Johann und seine Autos!"

Um Johann W. gab es in seinem Vorstadtviertel aber eine Legende von der Rettung seines BUICK. Diese Legende spielte zu Beginn der Kriegszeit. Einer der Onkel Lauras erzählte eines Tages dem Mädchen:

„In der Kriegszeit mussten die Privatautos abgegeben werden, man nannte das »konfiszieren«." Der Johann, dein Vater, muss diesen Zugriff schrecklich gefürchtet haben. Er war doch seine ganze Freiheit und sein Stolz, dieser BUICK!"

Jetzt erinnerte sich Laura an etwas, sie fühlte sich plötzlich mit ihrem Schwesterchen in einem Auto, dessen hintere Sitze ihr in ihrem Kinderkopf damals »das Sofa« geheißen hatten. Ein helles feines Sofa. Man hatte zu dem Platz eigentlich »im Fond« gesagt. Von ihrem Sofa aus konnten die Kinder auf das glänzende hölzerne Lenkrad und die Schalter und Knöpfe sehen, vor denen der Vater saß und den Wagen lenkte. Sie sah es wie in einem Blitz wieder vor sich. Sie fühlte auch ein Wippen auf dem Rücksitz, und wie sie schon damals mit dem Schwesterchen gezankt hatte.

Nachdem aber die Erzählung des Onkels geendet hatte, waren bald ihre Erinnerungen an den Fond des Wagens, dem Vater am Steuer, wieder abgerutscht ins Vergessen. Das Vergessen macht alles, was es verschluckt, wieder belanglos. Nun fuhr der Onkel fort:

„Dein Vater Johann wurde spät noch eingezogen. Er musste ja dann leider nach Russland, dahin, wo die schrecklichen letzten Kesselschlachten waren in der Nähe von Kiew. Und das ein paar Jahre vor Kriegsende! Er war auch noch zur Sicherung, wie man das nannte, in Norwegen und Frankreich, also vorher auch noch in diese Länder beordert worden. Sie haben ihn schnell noch überallhin geschickt, weißt du? Dann war er krank, und er ist »scheinbar irrtümlich« auf einen Laster aufgesprungen, der zurück nach Deutschland fuhr. Der Befehl lautete eigentlich, dass er noch tiefer nach Russland hinein sollte. So kam er zurück, weil er den Mut gehabt hatte – hatte aber panische Angst dabei, erwischt zu werden!"

Laura war froh, endlich etwas über ihres Vaters Erfahrungen zu hören.

„Ach ja", sagte sie, um das nicht zu zeigen, und weil sie auch einen Teil dieser Kriegsgeschichten von der Mutter kannte.

„Er ist auch ein weites Stück zu Fuß zurückgekommen, nicht? Er hatte doch ganz kaputte Füße.“

„Ja – das auch“, meinte der Onkel. „Aber ich wollte ja von dem BUICK erzählen...In der Zeit, Anfang des Krieges, sollte also sein Wagen abgegeben werden. Bloß: er hatte plötzlich gar kein Auto! Wie er das erklärt hat, weiß keiner. Das Auto war nicht da, also auch keines wegzunehmen. Verschwunden.“

Laura sah den Onkel gespannt an. Sie ahnte, dass etwas kommen würde, was gut zu ihrem Vater passte.

„Er hat doch tatsächlich den BUICK ganz auseinandergenommen!“

sagte jetzt der Onkel, „Stück für Stück. Er hat es in Pakete gepackt und verschnürt, also die Maschine und andere Teile mit Packpapier umgeben. Die hat er in den Keller getan, Decke darüber, keiner hat sie mehr gesehen. Und die Karosserie, die wurde bei Henriette im Garten, wahrscheinlich in der alten verrotteten Garage untergebracht, auch bedeckt mit ollen Sachen. Auch wenn sie gefunden worden wäre: mit einer Karosserie allein konnte ja keiner etwas anfangen, und sie war herrenlos. Also wurde sie – nebenbei bemerkt – auch nicht gestohlen.“

Ja, dachte Laura, so ist er, der Papa.

Sie hatte es gern, von ihm zu erfahren, besonders von seinen Einfällen, und wie er sich helfen konnte! Sie liebte es, dass er mächtige Bestimmungen zu umgehen verstand. Natürlich hatte er vorgehabt, das Auto nach dem Krieg ebenso still wieder zusammenzubauen, wie er es heimlich auseinandergenommen hatte.

Auch, dass er bei Kriegsbeginn überraschend eine Konservenmaschine gekauft hatte, fiel ihr jetzt ein. Dazu eine endlose Reihe schöner leerer Konservendosen; es hatte mit seiner stillen Vernunft zu tun, erkannte sie Jahrzehnte später, wenn immer noch einmal eine dieser Konserven auftauchte. Er hatte für die Familie vorgesorgt.

Sie hatte ihn längst genau beobachtet, als Kind. Sie stand viele Stunden bei ihm, als er, eine nach der anderen, die gefüllten Konservendosen verschloss. Später war eine davon plötzlich wieder vor ihre Augen gekommen, so eine nackte Dose ohne Aufschrift. Das war in der Nacht, als er aus Russland heimgekehrt war.

„Da sollen noch einige Dosen im Keller sein“, sagte eine Verwandte, „jetzt holen wir eine herauf.“

Johann W. hatte so selber zum ersten Mal etwas aus einer seiner Dosen zu essen bekommen, ausgehungert, wie er war. Man sagte dann, es sei ihm nicht bekommen.

Aber zunächst war es eine aufregende Maschine für Laura gewesen, diese »Einmach-Maschine«, an seinem Holztisch. Eine kluge Maschine, dachte sie. Der Vater hantierte eifrig, nach ein paar Tagen war sie irgendwo im Hintergrund verschwunden. Warum es bloß so viele Konservendosen gewesen waren, hatte sie sich damals gefragt. Und ob denn die Kunden neuerdings lieber Konservendosen kauften.

Ihr Vater hatte weggesehen und nichts erklärt. Er packte Corned Beef und gekochten Schinken, Speck und Schmalz in die Dosen. Dann verschloss er sie fest, oben am Rand, rundherum mit wenigen Griffen und der zugreifenden Mechanik der Maschine, die die Ränder der glänzenden Konservendosen mit ihren glänzenden Deckeln luftdicht verschloss. Für Laura war das alles spannend gewesen. Ja, er macht wieder was Neues, hatte das Kind gedacht. Laura wusste nicht, dass er die fertigen Dosen abends allesamt in den Keller brachte und dort aufeinander stapelte, sie mit einer alten Decke überzog – wie auch die Motorteile seines Buick.

Als er nun heimgekommen war, sich ein wenig erholt hatte und die Sachlage überblickte, als er erkannte, was alles zu tun sei, um ein normales Leben wieder in Gang zu bringen, wurde über den BUICK nicht gesprochen. Ob die einzelnen Teile und die Karosserie erhalten waren – wurde denn nicht nachgeforscht? Es war immer noch so, als hätte es kein solches Auto bei Johann W. gegeben.

Laura wiederum erinnerte sich nicht an »das Sofa« im Fond, auch sie hatte anderes zu tun, inzwischen vieles erlebt, das ein Kind gewöhnlich nur schwer tragen, und dann schwer behalten kann. Auch wusste sie ja noch nichts von der Zerlegung des Wagens, alles Gewohnte war ohnehin abhanden gekommen. Es mochten vielleicht die Teile des Autos im zerbombten Haus unbrauchbar geworden sein, die Karosserie verrostet – der BUICK wurde mit keinem Wort erwähnt.

Später hielt Laura es schlicht für unwahrscheinlich, dass ihr Vater einen BUICK, solch ein amerikanisches Auto, gefahren haben sollte.

Jetzt aber hatte der Onkel davon gesprochen.

Das Vergessen der schönen Limousinen

Die Vorkriegszeiten wurden nicht erwähnt; es gab jetzt kaum Autos. Aber Johann W. hatte sich den kleinen »Lastwagen« organisiert, diesen erstaunlichen »Tempo«, und Laura durfte als Kind in das dreieckige Führerhäuschen einsteigen und mitfahren. Es sah aus wie eine Hundeschnauze. Laura fand es herrlich. Und zwar des Hundes, den man »Spitz« nennt. Mit dieses Autos seltsamer Schnauze stieß der Vater in die schwer erschütterten Straßen vor. Das Auto half beim Zusammenholen von Gerät, Material und Nahrung, besonders, um sein Haus wieder ganz aufzubauen und seine Familie zu ernähren. Das geschah auf den undurchsichtigen Wegen, auf denen allein es zu bewerkstelligen war.

Es rumpelte in dem Führerhäuschen, wenn der Vater über die beschädigten Straßen fuhr, himmlisch schön für ein Kind, und auch, dass man durch solch kleine Fenster in dem Dreieck hoch hinab in die Straßen sehen konnte. Johann W. verstand das Kind genau, und was es dachte. Er konnte selber immer noch wie ein Kind denken, trotz all des Mordens und Erschießens auf den

Kriegsfeldern, das er erfahren hatte. Sie sahen jetzt auf die seitlichen Trümmerberge, die Laura wie in eine wilde Landschaft erschienen. Eine Landschaft, die mit Getöse und dem Krachen des Tempo von ihr und ihrem Vater erobert wurde!

Auch im Garten der Tante hatte offenbar niemand nach der Karosserie seines BUICK gesehen, es gab Wesentlicheres zu tun. Die Gebäude in und um das weite Gartengelände waren zerstört. Kaum ein Mensch hatte noch ein Dach über dem Kopf, und in den verwahrlosten Rabatten und Hecken standen alte Wohnwagen der städtischen Werke, in denen oft jemand hauste, den man nicht kannte. Auch etliche Autowracks standen im Garten, deren Inhaber verschollen waren.

Laura richtete sich in einer dieser schwarzen Limousinen ein, die nur noch eine Türe hatte. Sie hatte somit ihr »Häuschen« bezogen. Stolz war sie, immer wenn sie heimlich darin saß. Ihr Haus hatte ein Wohnzimmersofa mit Lederpolster. Glänzend dies Sofa, schwarz und vornehm, sie wippte voll Wonne darauf. Sie wusste natürlich nicht, warum sie hierbei wieder »Sofa« dachte. Schon gar nicht, dass es in einem BUICK einmal ein Sofa für sie und das Schwesterchen gegeben hatte. In einem BUICK, der um seine Wiederauferstehung betrogen worden war.

Warum wurde über ihn nicht gesprochen?

Wagen der Nachkriegszeit

Johann W. hatte dann diesen Volkswagen, es war sein erster Personenkraftwagen nach der Katastrophe. Oder dem »Zusammenbruch«, wie man das Kriegsende nannte. Er sah seiner Tochter an, wenn sie jetzt in dem Volkswagen neben ihm saß, dass der Tempo ihr besser gefallen hatte. Sie mochte offenbar auch das Wort »Volkswagen« nicht. Die sagen auch »Käfer« zu diesem Auto, dachte sie, zu diesem Ding, alles lächerlich!

Ein Auto, das weder gleiten noch rumpeln kann. Es wirkte sehr eng, hatte ein albernes Kuppeldach, zu niedrig über den Köpfen, wer hatte nur diese Missgeburt erfunden? Aber ihr Vater schien heilfroh, dass er wenigstens den Volkswagen bekommen hatte.

Und nun begann die Geschichte, die damit endete, dass Laura zu ihrem Vater sagte, jeder Opelfahrer sei ein Popel. Popel ist die schuppige Sache, die man aus der Nase holen kann.

Nichts wirkte nun verschollener als der ehemals geruhsame Horch, und auch der Buick war sicher unter »unzumutbaren Kriegsgeschehen« abgelegt worden. Beide Wagen hatten die einmal betuchte Familie früher in die beschaulichen rheinischen Sonntagscafés und Gartenrestaurants kutschiert. Nun waren die Gartenrestaurants verwüstet und die Wagen in der guten alten Zeit, im Untergang des sogenannten Deutschen Reiches begraben worden.

In vielen Familien, die es überlebten, hatte sich nach dem Aufräumen, der Schuttarbeit, dem Hin- und Wegkarren der Steine, all dem listigen Organisieren auf dem Schwarzmarkt und dann der schnellen Bebauung der Städte ein sonderbarer Wohlstand eingestellt. Es war entstanden, was man später das »Wirtschaftswunder« nennen sollte.

Ein paar Jahre darauf, so hörte man, fuhren reiche Bauern und reiche Metzgermeister den sogenannten goldenen Mercedes-Wagen. Als das herauskam, hatte Laura mit diesem Wagen noch weniger im Sinn, von dem alle so geschwärmt hatten, fand das alles geschmacklos. Aber noch viel später, als auch diese Mercedes, zum Beispiel der SL 200, zu den Oldies zählen sollten, sah sie, was für ein elegantes Auto das gewesen war, von welchem ihr Vater geschwärmt hatte. Nun aber schwärmte dieser von gar nichts mehr.

Wer zu essen hatte oder Essen produzieren konnte, gewann leichter sein Geld. Aber es gab weitaus Schlauere, und sehr schlaue Geschäfte. Nicht jeder kam mit dem Wirtschaftswunder so gut zurecht. Man sprach jedoch im allgemeinen, und auch wie erlöst, von »Aufschwung«. Seltsamerweise hatten sie vor dem Krieg auch Hitlers Werke und Pläne so bezeichnet.

Laura und ihre Schwester gingen zur Schule. Laura konnte nicht mehr so oft in ihrem geliebten Häuschen, dem Auto mit Holzlenker und Lederpolstern im Garten der Tante verbringen. Auch der Garten wurde aufgeräumt, neu bepflanzt. Reiche Freunde ihres Vaters fuhren nun schon einen schwarzen oder metallisch silbernen Mercedes. Einige unter ihnen hatten auch eine »Borgward Isabella«; Laura bemerkte für sich, dass »Isabella« vielleicht das einzige »weibliche« Auto sei, und fand es schön. Es wurde ja auch »die Isabella« genannt; sie dachte sogar: Es ist schöner als der Mercedes, es ist fein und eigenartig.

Die Herren, so schien ihr, träumten immer von Wagen anstatt von Damen. Ungerecht kam es ihr vor. Was hatten die Frauen alles im Krieg geschafft, hinter den Fronten der Männer. Diese Herren, Papas Freunde, sprachen viel gewichtiger davon, dass einer in ihrem Kreis einen neuen Wagen fuhr, als sie zum Beispiel davon gesprochen hätten, dass einem seine Freundin weggelaufen war. Es wäre also nur gut, wenn denen die Freundinnen wegliefen! Aus Absicht und Rache sprach Laura jetzt sogar vor ihrem Vater von „popeligen Opels“.

Was man Existenzlage nennt

Johann W. zählte also nicht zu denen, die sich einen der genannten Wagen leisten konnten, und das schien ihn zu schmerzen. Seine reicheren Freunde machten ihm manchmal das Leben schwer, denn sie waren nun zu mehr gekommen, als es ihm möglich gewesen war. Der eine war Fabrikant, der andere der Herr der florierenden Gastwirtschaft, ein dritter Prokurist einer im Viertel ansässigen Firma. Johann W. hatte zuerst an den Aufbau seines Hauses denken müssen, des einzigen in der Straße, das ganz und gar zerstört gewesen war. Aber auch er, vielleicht gerade darum, träumte vom Mercedes, und er sprach die Namen der Neuerscheinungen dieser Autofirma ebenso ehrfurchtsvoll aus wie seine Bekannten und Freunde.

Laura fand das ganz unter seiner Würde. Sie merkte viel später erst, wie hartnäckig er von diesem Mercedes geträumt hatte, und immer noch träumte. Als er nämlich im Alter das Opfer einer Okkasion geworden war.

Als man genug gearbeitet hatte, die Töchter erwachsen waren, hatten die Eltern ihr Geschäft aufgegeben, verpachtet. Durch den Hof mit dem Glasdach gingen nun fremde Leute. Herr und Frau W. lebten ein Rentnerleben, eine Etage höher im aufgestockten Haus. Noch einmal waren beträchtliche Summen für das Haus und den Aufbau bezahlt worden. Wilhelmine hatte es unbedingt so gewollt, hatte den Laden satt und sich ausgerechnet, dass man auch von der Pacht und den Mieten des weiteren Hauses leben könne.

„Wir kriegen ja nur noch schwer Personal, und die Kinder wollen das Geschäft nicht", sagte sie. Oder: „Ich habe niemanden im Haushalt, und wenn ich eine habe, bestiehlt sie mich."

Johann W. brütete über seinem Frühstück. In seiner Familie hatte man nie in Erwägung gezogen, so früh mit Arbeiten aufzuhören. Man arbeitete einfach, so lange man konnte. Arbeit war ja nichts Schlechtes. Und es gehörte zum Leben, wie auch Anstand. Sie waren doch erst um die Fünfzig, er und Wilhelmine. Aber sie ließ nicht nach. Sie schien von großer Übersicht zu sein, und wenn sie nun gar nicht mehr wollte, was tun? Als das alles bewerkstelligt war, was sie geplant, konnte Johann W. des Morgens geruhsam die Zeitung lesen.

Er, der immer um sechs Uhr aufgestanden war, als die Ladenöffnungszeit noch offiziell acht Uhr gelautet hatte, stand später um sieben auf, als sie auf neun Uhr herabgesetzt worden war. Jetzt hätte er bis zehn Uhr schlafen können. Etwas, das ihm ganz fremd war. Er stand weiterhin früh auf. Das wiederum ärgerte sie. Bis abends um sieben, wenn früher das Geschäft geschlossen wurde, war zuvor der ganze Tag ausgefüllt gewesen. Johann W. hatte außer Arbeit und Krieg vielleicht nur diese schönen Ausflüge mit seinem Vater und seinen Schwestern, später die eigenen Landpartien mit Wilhelmine und den Kindern als echtes, von ihm auch erwähltes Glück gekannt ... Immer hatte er diese Unternehmenslust gehabt, und Lust an der Natur, am Laufen, Schwimmen. Auch am Ausgehen in die Gastwirtschaft der Tante, dort Freunde zu sehen. Aber dazu musste man Geld einnehmen, um sich dieses leisten können. Nun war alles weniger geworden, und die Kinder aus dem Haus.

Außerdem hatte er doch längst schon eine Summe zusammen für den heimlich geplanten Mercedes. Und er würde, wenn nun auch langsamer, weiterhin dafür sparen.

Seine teils schwermütige, teils helle Natur und seine gut geratene Stimme ließen ihn ja früher an seinen Arbeitstagen traurige und schöne Lieder mit großer Inbrunst singen, was Laura so sehr an ihm geliebt hatte. Er wusste es. Besonders die kleine Laura – als Kind hatte sie seine Stimme durch den Hof gehört, und auch aus dem Keller ihn das Wolgalied singen, wenn er dort zu tun hatte. Einmal hatte er gesehen, dass ihr der Atem stockte, wenn er sang, und später auch gemerkt, dass sie sich all seine Liedtexte aufschrieb. Wie lange war das nun her? Und für immer vorbei ...

Als er gestorben war, sollte Laura jahrelang über ihn nachdenken.

Johann W., der nur das Nötigste sprach, war von schöner Seele. Jetzt wusste sie es. Das Schicksal hatte ihn dazu bestimmt, ein Schlächter zu werden. Er wurde ein guter Metzgermeister, der vorzügliche Würste herstellte und das beste Fleisch verkaufte; er konnte stolz sein auf den Ruf seines Geschäfts. Es ist nicht jedes Geschäft so sauber und nicht jede Seele so aufgeräumt, wie die des Johann W. Aber wer macht schon diese Unterscheidung, wenn nicht aus eigensüchtigen Gründen? Immer hatte er gelitten unter dem, was der Mensch von den Schlächtern denkt. Von den Schlächtern, den Metzgern, deren Würste sie so gerne essen.

Ein Königreich von Gesang

Johann W.'s Seele hatte Gesang. Ob er in seinem Tod später auch die Sphärenklänge gehört hat, von denen Novalis sprach? Also aus dem himmlischen Radio Kosmos, die weiteren, höheren Klänge?

Dass er sang, auf der Welt, konnten sie hören, die Leute, wenn sie in der Straße nah an seiner Wurstküche mit den vergitterten Fenstern – was, wie gesagt, wie ein Gefängnis aussah, aber keines war, denn dahinter sang ein »Selbstständiger«! – also dort vorbeigingen. Aus den kleinen Fenstern zur Straße hin schallte die Stimme des Metzgers mit den Opernmelodien. Manchmal war er auch unwirsch mit seiner Frau oder dem Gesellen, dann hörte man seine laute Stimme ebenso. Und sofort sagten die Leute: „Hört nur, grob wie ein Metzger!"

Dass sein Herz war zart wie ein gut geratener Schweinebraten – so etwas dachte niemand. Aus seiner Wurstküche hörten sie seine deutschen, ungarischen, russischen Lieder in deutscher Sprache, Lieder schwer und hehr, wild und lustig. Große Kompositionen, Opern und Operetten. Die Leute sahen nicht, dass er besonders eines mit einem feinen Lächeln sang. Nämlich das Lied aus dem Zigeunerbaron. Er lächelte in das Lied hinein:

„Ja, das Schreiben und das Lesen / ist nie mein Fall gewesen / Aber schon von Kindesbeinen / befasst' ich mich mit Schweinen! / Ich war auch nie ein Dichter / oh Donnerwetter, Parapluie! / War immer Schweinezüchter / Poetisch war ich nie!"

Und leise hob er wieder an:

„Mein idealer Lebenszweck-zweck-zweck / ist Borstenvieh und Schweinespeck!"

Die ihn singen hörten, hätten ihm eine Ironie nicht zugetraut, mit der er das lustige Lied sang, sie nahmen ihn wörtlich, ihn, dessen Herz voll Poesie war. Stand die kleine Laura neben ihm, derweil er die deftig riechenden Gewürze aus den Dosen nahm und zusammenstellte, bei seinem gewaltigen Singen, so sah er sie manchmal an, in ihre großen staunenden Augen. Er bemerkte, wie sie ihm zuhörte. Er merkte auch, dass sie sich viel dabei dachte.

Sie waren sich einig. Laura fand sein Singen und die Gedichte in den Liedern in ihrem Herzen ebenso ergreifend. Sie lernte natürlich heimlich sofort alles auswendig, was er sang. Sie sollte noch im Alter sein ganzes Gesangeswerk auswendig kennen.

Einmal sagte er zu ihr: „Das ist von Johann Strauss“, ein anderes Mal: „Das ist von Lehár, das ist von Künneke, oder von Nico Dostal, Paul Lincke, Robert Stolz, Karl Millöcker, Franz von Suppé.“

Laura dachte: Nico Dostal ist bestimmt ein erfundener Name.

Und dieser Herr Franz von Suppé macht das extra, dachte sie, der heißt bestimmt nur »Suppe«. Sie meinte, Suppé klänge natürlich vornehmer, ja, und passender zu einem Komponisten. Es waren wirklich viele sonderbare Namen. Da gab es auch einen Ralph Benatzky, Emmerich Kalman, Jacques Offenbach, das alles »Papas Komponisten«. Dieser Jacques sollte ein Kölner gewesen sein, sagte ihr Vater. Sie wusste schon, dass manche Kölner »Jean« hießen und im Dialekt »Schang« genannt wurden. Das war drollig. Dass es auch hiesig einen »Jacques« gab, war etwas ihr Neues. Auf jeden Fall gefiel ihr all das Französische. Johann W. sprach immer leicht und überzeugt, wenn es um die Stimmen und Komponisten, um Sänger und Sprecher ging. Der Schweiger sprach dann überaus fachlich, selbst vor Wilhelmine. Ja, er dozierte sogar laut und rechthaberisch. Er ließ sich niemals auf einen Einwand von ihr ein.

„Und doch“, rief sie, „das ist »Solveig’s Lied«, von Grieg!“

In den nordischen Kompositionen kannte er sich nicht so gut aus.

Nun sang sie es ihm vor, dieses »Solveig’s Lied«, mit schwermütiger, getragener Stimme. Es war traurig. Diese Solveig wartete andauernd auf ihren Geliebten. Es ist ganz furchtbar einsam in dem Lied – so wie in seinem Wolgalied, dachte Laura.

Sie holte ihr Schulheft und schrieb auch Wilhelmines Lied auf, um es auswendig zu lernen, überhaupt alle Lieder und Gedichte der Mama.

Sie schrieb: »Der Winter war hart, und der Frühling vergeht, der Frühling vergeeheet ... Der Sommer kommt mit Welken und das Lauhaub veherweht, dahas Lauhaub verherweeheeet ... Ich hahabe versprochen, ich harre treulich dein, ich hahaarre treuheuheulich deiheihein.“

Und dann kam das schaurige „Uhuhuuhuhuuu ...“.

Laura konnte genau verstehen, dass ihre Mutter Wilhelmine ihren ganzen Schmerz in dieses Solveig’s Lied gelegt hatte. Einen Schmerz aus ihrer Kindheit vielleicht, den keiner kannte. Oder es war ein Schmerz um etwas, das keiner kennen sollte, auch Laura nicht, noch nicht. Mama hatte mehrere solcher Gesänge, die nur sie kannte. Sie sang auch das »Ständchen von Dvorak« in »lalala« und dann auch einmal, indem sie eigene Worte darauf gemacht hatte! Sie erzählte, sie hätte Laura nämlich so vorgesungen, als sie noch ein winziges Kind und sehr krank, also todkrank gewesen sei.

Wilhelmine hatte ein noch schwermütigeres Lied, das Laura immer bange machte, selber früh zu sterben. Es war nicht so schaurig wie das Solveig-Lied, aber es war dichterischer und es war noch schrecklicher. Bis auf die letzte Strophe, da wurde es Gott sei Dank wieder besser. Wilhelmine sang es vor sich hin, ohne Gesten. Leiser, in mattem Ton:

„Das Laub fällt von den Bäumen, das zarte Sommerlaub. Das Leben in seinen Träumen zerfällt in Asche und Staub.“

Dann atmete sie tief und sang weiter:

„Die Vöglein im Walde sangen, wie schweigt der Wald jetzt still. Die Lieb ist fortgegangen, kein Vögelein sihingen will.“

Und plötzlich hob sie die Stimme und ihre weißen Zähne leuchteten in die letzte Strophe hinein:

„Die Liebe kehrt wohl wieder, im künftigen lieben Jahr, und alles tönt dann wieder, was hier verklungen war.“

Es beruhigte Laura jedes Mal, dass es noch diese Strophe gab, und wenn sie es selber im Wald auf ihrem Fahrradweg sang, hob sie auch die Stimme sehr bei der Strophe und schmetterte sie in die Bäume.

Später las sie, dass das Lied von Siegfried August Mahlmann war, 1771 in Leipzig geboren, ein Schriftsteller und Verleger, Sohn eines Kaufmanns und seiner Frau Wilhelmine. Lauras Mutter hatte ähnlich feine Züge, wie dieser Herr Mahlmann, sah sie auf einem beigefügten Foto. Der war sogar nach Petersburg gereist » hatte später ein Rittergut gekauft, jahrelang eine Zeitung herausgegeben und dann neue Anbaumethoden auf seinem Gut angewandt. Also ein vielseitiger Mann, sowohl poetisch als auch praktisch, was man von Wilhelmine W. auch sagen konnte. Woher kannte sie nur das Lied? Von ihrem Großvater? Lauras Mutter hatte in ihrer Jugend auch Rabindranath Tagore gelesen, was zu der Zeit nicht einmal einer in ihrer Kleinstadt hätte aussprechen können ...

Wilhelmine sang fast alle Lieder von Johann W. gern mit. Für Laura war es der Himmel, wenn die beiden zusammen sangen. Auch, wenn sie tanzten, nebenan in der Gastwirtschaft. Dann waren sie ein bekanntes, gut aussehendes Paar, angesehene Leute, und ganz ungelogen ein Herz und eine Seele. Manchmal saßen sie auch nachts spät bei einem Glas Wein und redeten, sahen blass und verschlafen aus, aber redeten. Das war aber schon zu einer Zeit, in welcher Laura manchmal nachts spät nach Hause kam. Es war für sie ganz sonderbar, es war Licht im Wohnzimmer, und da saßen sie, mit dem Wein und ihren Zigaretten. Was hatten die mitten in der Nacht zu sprechen, so traut und ruhig? Derweil sie sich am Tag im Geschäft doch auch oft stritten ...

Sie hatte ihre eigene Abteilung im Liederschatz, Wilhelmine. Er kannte viele ihrer Lieder nicht, lernte sie auch nicht auswendig. Sie sang manchmal auch schmetternd »Studentenlieder« wie:

„Ein Heller und ein Batzen / die waren beide mein / der Heller ward zu Wasser / der Batzen ward zu Wein! / Heidi-heiduheida!«

Ihr Großvater war Freimaurer gewesen in der »Loge zum hellen Licht«, hatte sie Laura erzählt. Und der war wohl recht gebildet, er wollte sie eigentlich gut erziehen, als ihre Eltern tot waren, so dachte sich Laura.

Er gab ihr Aufträge, die sie erledigen sollte, und sie musste in reinstem Hochdeutsch seine Aufträge wiederholen. Wie lange hatte sie diesen Großvater gehabt? Wo hatte sie das alles nur gelernt, und woher hatte sie den Hang zum Bücherlesen? Sie hatte als Mädchen ein Buch nach dem anderen verschlungen, und man merkte es. Ach, was da alles im Dunklen lag.

Manchmal sang sie auch andere Worte auf »Ein Heller und ein Batzen«.

Auf die gleiche Melodie dieses:

„Meine Schuh, die sind zerrissen / meine Kleider sind entzwei / Und draußen auf der Heide / da singt ein Vogel frei, ja frei!“

Oder des Wanderers Klage, der keine Heimat mehr hat.

So etwas kannte Johann W. nicht. Außer dem traurigen Lied vom Reh im Wald, das der Jäger erlegt, und das auch Wilhelmine mitsang, sonntags im Auto:

„Im grünen Wald, dort wo die Drossel singt.“

Wilhelmine kannte auch Gedichte von Heinrich Heine.

Bis auf einiges aus Puccinis »La Bohème«, sangen sie alles zusammen hehr und ernst. Zusammen auch den »Der Gefangenenchor« aus »Nabucco«, das verstand Laura gar nicht, aber es war schön und gewaltig.

Wenn es um Musik ging, schien ihr Vater seine Schweigsamkeit vergessen zu haben. Laura dachte, er verstünde mehr davon als sie, aber vielleicht stimmte das ja auch nicht in allem. Später erzählte sie ihm viel über Jazz. Sie sprachen wie im Wettbewerb. Sie fand erst später heraus, dass er auch im Rhythmischen sehr sicher war.

Ein einziges Mal tanzte er mit ihr – da merkte sie das alles.

Johann W. liebte das Radio, die Musik, die Legenden, die Märchen, die aus ihm kamen, vieles, das ihn auf neuen Gebieten bildete; täglich hörte er den »Schulfunk«.

Draußen verstand er sich auf Bäume, Pflanzen und alle Tiere im Wald und auf der Heide, so wie im Unterholz. Er verehrte Rosen, alle Rosen, konnte gut über Gott schweigen und über Frauen, beobachtete Menschen auf ihren Gang hin, erkannte dabei sofort die Aufrechten, er blieb völlig unbeeindruckt von Redensarten und üblen Nachreden, machte gewöhnlich in aller Stille mit sich ab, was zu tun oder zu denken sei, blickte dabei vollkommen unschuldig, so war er war in seiner leisen Art beliebt, hatte auch feinen zurückhaltenden Ausdruck im Gesicht beim Sprechen und wirkte bescheiden.

Er konnte herrlich und humorvoll mit Kindern umgehen, verstand deren Witze und Streiche sofort, worauf sie ihm auch all das Ihre freimütig mitteilten, er liebte die Kameradschaft mit anständigen Menschen ganz gleich welchen Standes, schätzte gute Küche, konnte gut kochen und backen, stellte nur ehrliches Essen her, mochte guten Wein und frisches Bier, schätzte gute Fotos, gute Beschreibungen, wahrhaft feine Leute, frische Mädchen, freche Burschen und alte Weisen – das alles neben den geliebten eleganten Limousinen.

Ja, das Radio – immer, wenn diese Stimmen aus dem kleinen Bakelit-Gerät zu ihm herüber kamen, war er sofort aufmerksam.

„Benjamin Gigli!", rief er, und Laura staunte wieder, was es für sonderbare Namen gab. Oder: „Leo Slezak!“ oder: „Enrico Caruso!“ Dann wieder „Fedor Schaljapin!“

Nur zwei Namen konnte sie sich leichter merken, da es deutsche waren: „Richard Tauber!“ Und: „Josef Schmidt!“

In der Zeit, als er aus Russland zurückgekommen war, hörte er auf Schallplatten auch die Don-Kosaken. Das summte er mit.

Wenn sie gegessen hatten, fragte sie ihn, wie das denn geheißen habe, was er gesummt hatte. Das konnte er nun schlecht aussprechen. Aber sie summte es ihm nach, auf dem Balkon.

Wenn er gut gelaunt war, und das Radio am Morgen in der Wurstküche eingestellt, schmetterte er manchmal schon früh besonders fröhliche Lieder mit, ja sogar auch kindische Schlager, wie:

„Piep, Piep, sprach der kleine Spatz zum Spätzchen / Piep, Piep, komm heut' Nacht zu mir, mein Schätzchen!“

Das sollte Wilhelmine wohl hören.

Nun musste Laura lachen, wie er das Lied weiter sang, spitzmundig:

„Piep, hab mich ein bisschen lieb!“

Dann aber kriegte dieser Spatz einen vor den Latz:

„... sprach das kleine Spatzenmädchen / Ich hab heut ein Rendezvous / mit 'nem feschen Spatz im Städtchen / darum flieg ich fort im Nu!“

Laura lauschte. Jetzt sang er so, als sei er selber der männliche Spatz: „Tschiep, Tschiep, warum sollst es grade du sein? / Tschiep, Tschiep, 's kann ja auch ein Kakadu sein! / Tschiep, ich such' mir eine andre aus! / Tschiep, ich fliege jetzt nach Haus ...“

Laura und er konnten sich unbehelligt gut verstehen, wenn Wilhelmine im Laden war. Das war gerade dann, wenn der Vater hinter dem Hof sang und sortierte, die Tochter ihm zuhörte und zusah, dann konnte Wilhelmine nicht der beiden Blaublick-Kreuzungen gewahren.

Sie hätten gewiss ihre Eifersucht hervorgerufen.

Nur unter dem Auto sang Johann W. nicht.

Laura hatte beobachtet, wie es ihn anstrengte, aus der kurzen Entfernung und in der Dunkelheit die Fehler im Auto zu finden. Und wenn er dann wieder aufstand, die Kühlerhaube geöffnet hatte, hörte er nach Geräuschen des Motors, sie sollten ihm den Fehler verraten. Er lauschte lange und intensiv. Natürlich wollte er alles wieder selber herausfinden und nicht den Wagen zur Werkstatt bringen.

Das Öffnen der Körper

Manchmal dachte Laura, dass einmal ein Arzt ihren Körper auch »abgehorcht« hatte, oder dass man sagte, sie würden Körper öffnen, um etwas vom Inneren zu sehen. Die wollten gewiss auch Fehler entdecken.

Ihr Vater stand ebenso vor geöffneten Tierkörpern, auch wenn diese schon gestorben waren. Er zerlegte sie. Die Kunden aßen diese Tierkörper dann auf, nach und nach. Sie selber mochte kein Fleisch, liebte als Kind Pudding, Püree, Apfelkompott oder Griesbrei.

Ihr Vater trennte also jeweils ein Stück vorsichtig mit einem feinen Messer von anderen. Leber, Nieren, Lummerstück, Filetstücke, jedes Fleischstück fühlte sich vollkommen anders an, Laura hatte aus Neugier angefangen, das Fleisch zu berühren. Die Leber war glitschig, blutig, und die Nieren fest und schön rund, weich, glatt. Lunge war rosa und wie ein Schwamm. Man sagte ihr, Katzen bekämen die Lungenstücke. Zu fressen. Wenn da aber doch vorwiegend Luft drin war?

Ein Herz war dunkelrot und fest, von starken Adern durchzogen, es sah überhaupt nicht aus wie das »Herz Jesu«auf den Heiligenbildern, auch hatte es keine Strahlen. Herz kriegten meistens auch die Tiere, jedoch ebenso Menschen aßen es, ebenso wie Lunge und dieses wabbelige Teil, das »Bries« hieß, und sogar als Delikatesse galt. Die Ohren von Schweinen wurden auch gegessen. Eines der Fleischstücke hieß »Nüsschen«, und sollte besonders teuer sein.

Alle Teile waren nur durch ganz zarte Häutchen voneinander getrennt. Der Vater trennte sie unversehrt heraus, das hatte er bei seiner Lehre in einer anderen Stadt gelernt. »Auslösen« nannte man das. Es war eine Feinarbeit, wie man auch die Arbeit eines Uhrmachers Feinarbeit nennt.

Als man Laura später fragte, ob sie nicht im Geschäft helfen wolle, hatte sie sofort alle Namen der Fleischstücke vergessen.

Manchmal sah sie des abends Johann W., ihren Vater, auch Uhren reparieren. Alle seine Uhren, die Weckeruhren, Armbanduhren. Wanduhren gab es nicht, aber auch an sie hätte er sich herangemacht.

Ebenso nahm er ein Radio oder Bügeleisen auseinander, öffnete eine Nähmaschine oder eine Küchenmaschine. Er zerlegte alles, so wie er die Tierkörper zerlegte. Tierkörper, sie zu verkaufen, Maschinenkörper, sie zu reparieren.

Von Zeit zu Zeit musste er erkennen, dass ihm eine Reparatur nicht gelang, er saß dann vor den Teilen und dachte sich tagelang in sie und aus ihnen hinaus und durch ihre Funktion hindurch, auch elektrische Funktionen. Laura machte besonders das Elektrische neugierig, es hatte etwas Gefährliches. Wenn er den Fehler nicht fand, waren es schwere Stunden des Misserfolges für ihn.

Johann W. wollte alles hinkriegen. Jedes bewegliche Ding, was es auch immer war, wieder in Gang bringen. Reparieren bedeutete ihm: Eine Sache retten.

Sogar kurz vor seinem Tode versuchte er es noch einmal, und erschien mit der Werkzeugtasche, die ihre Schultasche einmal gewesen war, vor der Tür seiner Tochter Laura. Bei ihr, die ihm nie mehr beim Arbeiten zugesehen hatte oder ihm beim Singen zugehört. Sie war nun lange schon eine Erwachsene und er hatte aufgehört, zu singen. Er tanzte und pfiff auch nicht mehr, sah mager und gelb aus. Laura hatte ihn nicht erwartet. Sie wusste immer noch nicht, dass dieses Gelbe der Haut von dem alten wolynschen Fieber aus Russland herstammte, das nicht heilbar ist.

Er fragte schlicht: „Kann ich dir etwas reparieren?"

Ungewöhnlich, wie er dastand. Anders. Er kam nie ungerufen. Stand rührend und verlegen vor ihrer Tür. Er hätte ihr bei Bedarf immer geholfen, aber er war ohne Grund gekommen. Sie hatte Besuch. Herrenbesuch. Sie wusste nicht, was tun. Es war peinlich.

„Nein", sagte sie, „Papa, ich hab nichts zu reparieren."

Sie bat ihn nicht herein, wegen des Herrenbesuchs. So ging er und kam nie wieder. Es war das letzte Mal, sein Angebot zu einer Reparatur. Nie mehr hat er ihr oder and'ren etwas repariert.

Sie hätte sich gern noch jahrzehntelang ausgedacht, was er ihr hätte reparieren können.

Seine Reparaturen und Erfindungen hatten etwas vom Werk eines verkannten Künstlers, dachte Laura einmal viel später. Er war erfindungsreich und voller Lust bei den Ausführung, derweil alle Welt seine Werke höchst sonderbar fand. In seinem Eifelhäuschen hatte eine Dusche gefehlt, und natürlich wurde keine bei einer Firma bestellt. So wie er auch den Anbau zum Haus selber geschaffen hatte für seine Töchter, mit Schlafzimmer, Toilette, Waschbecken. Natürlich hatte er alles hierzu auch selber herbei geschafft, vieles vom Nachbarn Alträucher. Und die Holzböden hatte er auch selber gelegt, das Dach selbst gedeckt.

Es war ein ganz vorzüglicher Anbau – aber niemand fragte sich, wieso Johann W. das alles könne. Anders war es schon bei der Dusche, die er zusammengestellt hatte in dem Eifelhaus. Und zwar mittels eines Rohres, eines Wassererhitzers und eines Duschkopfs, auf das Rohr montiert. An der Stange seitlich mit zwei Kränen versehen für warm und kalt, welches auch alles von dem besagten Alträucher stammte und irgendwie zusammengebracht worden war.

War das Wasser im Erhitzer, vielleicht zwei Liter, einmal gewärmt, konnte man ein Mal bei dünnem Strahl warm duschen, und dann bei dünnem Strahl kalt. Danach musste der nächste warten, bis das Wasser wieder erhitzt war – und er oder sie sahen sich jedes Mal das abenteuerliche Gebilde erstaunt an. Sie verkniffen sich das Lachen oder zumindest ein Lächeln, vor allem, damit er es nicht sah. Er hatte es geschafft, man hatte nun auch eine Dusche. Er war sehr stolz darauf. Laura bewunderte sein Gebilde.

Wilhelmine benutzte es nie.

Noch abenteuerlicher war es schon bei dem Rauchabzug aus Anbau und Hof, im alten Geschäft geschehen, und Wilhelmine hatte dort, als dieser »Rauchabzug« fertig war, prinzipiell nicht hingeblickt.

Nachbarn hatten sich beklagt, der Rauch zöge ihnen gegenüber in die Zimmer, wenn Herr Johann W. räuchere und sie ein Fenster öffnen würden. Eine Aufsichtsperson war darauf gekommen und hatte angeordnet, dass der Kamin über dem Anbau erhöht werden müsse und darunter ein Rauchabzug geschaffen. Wieder besorgte Johann W. Bretter. Der Geselle fragte sich: Wozu Bretter? Dann sah er, dass sein Chef in der Treppe zum ersten Stock des Anbaus eine Verschachtelung um ein Rohr zustandebrachte. Eine Anlage, die von unten nach oben führte und seinen Rauchabzug darstellen sollte. Das Rohr führte oben über geheime Wege dann in den von ihm selber aufgestockten Kamin, und der Rauch zog die Treppe hinauf, abgeleitet aus dem Räucher im Hof, an den Tagen, an welchen Wurst und Schinken geräuchert wurden. Die Nachbarn beruhigten sich. Der Rauch ging nun aus dem Hof in höher gelegen Himmelsgefilde.

Als dieser Anbau später zusammen mit dem Haus verkauft wurde von Hella, kam ein Fachmann, der vom Käufer herbei gerufen worden war. Er sah sich, wie gebeten, diesen Rauchabzug an. Er schlug die Hände über dem Kopf zusammen und rief:

„Ein Wunder, dass hier nicht längst alles abgebrannt ist! Ein Rauchabzug mit Holzverkleidung!"

Wilhelmine war inzwischen auch schon gestorben, sie hätte bemerkt:

„Das habe ich ja gleich gesagt!"

So war alles in dem Bereich von Johann W.'s Reparaturen besonders für Laura höchst spannend gewesen und ein Grund der Bewunderung seiner Erfindungskraft, seiner Materialsammlung. Ob spätere Aufsichtsbeamte, die über keinerlei Fantasie verfügten, daran herumnörgeln mochten, scherte sie nicht.

Als Kind hatte sich Laura manchmal gefragt, ob wohl die Leute draußen, also die Kunden und Nachbarn, die ihn doch so lange kannten, wüssten, was ihr Vater für ein besonderes Herz hatte, also das Herz seiner Seele. Sie hatte auch gehört, dass er körperlich einen »Herzfehler« habe, was nicht ungefährlich sei, besonders, da er so viel rauche. Das hatte er sich im Krieg erst angewöhnt. Er sprach nie über Gefühle, deshalb kannte sicher kaum einer sein Herz.

Eines Tages hörte sie, es habe sogar er, Wilhelmines Gatte, einmal Gefühle ausgesprochen. Sie hörte davon, weil ihre Mutter es ihr stolz erzählte. Wilhelmine hatte ihren Johann bei einer Fernsehsendung befragt, wobei es um den »Schönsten Tag im Leben« ging. Was denn für ihn der schönste Tag im Leben gewesen sei. Johann W. sollte geantwortet haben:

„Als wir geheiratet haben."

Nun sie, von ihm befragt, hatte nicht den gleichen Tag genannt. Ausweichend sollte sie geantwortet haben:

„Als ich die Laura bekommen habe ..."

Da merkte die Laura, dass das ganz anders gewesen sein musste. Denn ihr hatte sie zuvor erzählt:

„Schrecklich, dieser Tag deiner Geburt. Solche Schmerzen! Nichts hätte mich geniert, der Papst hätte neben dem Bett stehen können! Furchtbar, bei der Schwüle und dem großen Gewitter. Ich hab sofort gesagt: Das Kind ist eine Gewitter-Hex."

Laura hatte sich nun gefragt, was ihre Mutter bloß für Variationen äußerte, und auch, was hätte denn der Papst neben ihrem Bett zu suchen gehabt? Ja, sie war dann also für ihre Mutter von Anfang an eine „Gewitterhex" gewesen? Sozusagen vom Schicksal und vom Wetter dazu bestellt? Im Rheinland sind die »Gewitterhexen« Frauen, die bösen Rabatz machen, schimpfen, ruppig sind. Also Frauen, welche unangenehm werden. Wie aber konnte denn ein neugeborenes Kind schon eine »Gewitterhex« sein? Sie fragte das die Mutter nicht; schlimm genug, dass sie ihrer Mutter so zu schaffen gemacht hatte.

Die Sache mit den Büchern

Wilhelmine las viel, sie war wohl, was man eine Gebildete nennt, und sie legte Wert darauf, so beurteilt zu werden. Sie verstand sogar etwas von den Klassikern, aber irgendwie schien es der Laura doch etwas ungeordnet. Einmal sagte sie:

„Ich habe auch Pitigrilli gelesen, das war gewagt!"

In Laura blieb die Frage, wer wohl dieser Autor mit dem drolligen Namen sei, bis sie später ein Buch von ihm in ihrem Hauseingang fand, als habe es einer versessen oder weggeworfen.

Johann W. hatte wenige Bücher. Eines behandelte die großen Katastrophen auf der Welt, Verkehrsunglücke von Schiffen, Eisenbahnen, Flugzeugen – und auch Naturkatastrophen. Sozusagen Zwischenfälle, bei denen es hernach viel oder nichts mehr zu reparieren gibt.

Das zweite Buch war eine leinengebundene Ausgabe von Wilhelm Buschs „Max und Moritz" und weiterer Geschichten von Wilhelm Busch. Daraus hatte er ihnen, als sie Kinder waren, manchmal sonntagmorgens vorgelesen. Das war traulich und schön gewesen.

Im hinteren Teil des Buches waren Buschs andere Geschichten, für Erwachsene, und seltsame Zeichnungen gewesen, die hatte Laura bald aufgestöbert und sich neugierig angesehen. Es waren solche, die mit der Liebe, also mit Männern und Frauen zu tun hatten. Dann folgten noch Abbildungen von Buschs Malerei, Landschaften. Das beherrschte er vollkommen. Die Landschaften waren so wunderbar wie die bei Sonntagsspaziergängen mit dem Vater, bei ihren Ausflügen.

Was sie als Kind aber höchst erregt hatte, war ihres Vaters Buch »Rasputin«. Das war ein magisches, ein ins Deutsche übersetztes russisches Buch. Edel und düster, feines Papier und glänzende schwarz-weiße Fotos.

Die Geschichte handelte von einer zarten, feinen Königin mit gewelltem Haar – und einem heiligen wilden Dämon, diesem Rasputin. Dieser hatte ein ganz wirres Haupt, Haare viel und schwarz, er blickte nervös und wild. Das war also der Mann, der ja so einen gefährlichen Namen trug. Es gab Bilder von beiden, der Königin und dem verwilderten Rasputin, in Gängen, Salons, Kirchen, Klöstern. Und es gab Bilder von ihr neben ihrem Mann und ihren Kindern.

Rasputin sollte ein Heiliger, konnte aber auch ein Teufel sein. Die Bilder waren wie im Gebetbuch, nur noch heiliger und noch unheimlicher. Fotos und Gemälde, Laura bestaunte alles und sah es immer wieder an.

Sie hatte wenig später die Bilder einfach herausgeschnitten und in ihrem Zimmer an die Wand geklebt. Der Vater schimpfte nicht darüber. Sein Motto: »Kinder muss man gewähren lassen« schien sehr weit zu gehen. Oder war ihm das alles zu viel?

Abends las Johann W. manchmal in einem seiner drei dicken Bände »Das Reich der Tiere«. Es waren die gewichtigsten, größten Bücher im Haus.

Fünfzig Jahre später las Laura darin und war erstaunt, welch vorzügliche Tier und Jagdbeschreibungen die Bücher enthielten, welche treffenden und fein empfundenen Tierfotos dazu.

Wilhelmine las Romane, Familien- und Arztromane, Romane der hohen Literatur, Thomas Mann sowie Cronin, Fontane wie Dostojewski, Ina Seidel wie Balzac, Maupassant wie Vicki Baum, sie las Pearl S. Buck, Theodor Kröger, Zsolt von Harsányi.

Die Bücher kamen aus der Buchgemeinschaft.

Wilhelmine blickte verächtlich auf ihren Johann, wenn dieser in »Die Welt der Tiere« las. Sie dachte wohl: Sonderbar, dass sich ein Metzger mit solch feinen Tierbeschreibungen abgibt, er macht sich sicher Illusionen.

Johann und Wilhelmine W. gaben nach und nach das Lesen auf, nur noch Zeitungen und Zeitschriften wurden erworben. Als sie sich im Rentnerleben eingerichtet hatten, sang auch keiner von beiden mehr.

Nun hatte Johann W. viel Zeit und wenig Aufgaben. Er hatte begonnen, häufiger in sein Eifelhäuschen zu fahren und dort den Garten schön zu gestalten sowie Gemüse und Erdbeeren anzubauen. An einer der Häuserwände brachte er Kletterröschen an, frische rote. Dabei fiel im ein, dass er vor Jahrzehnten das Kinderzimmerchen seiner ersten Tochter mit solchen kleinen Röschen ausgestattet hatte, bevor Wilhelmine aus der Klinik zurückkehrte. Sie war mit dem Säugling eingetroffen, hatte sein Werk gesehen und sofort gerufen:

„Die Rosen müssen entfernt werden! Das ist ungesund für das Kind!“

Nie mehr hatte der Vater Laura Blumen geschenkt, nie mehr.

Als sie die Geschichte gehört hatte, sollte sie lebzeitlang diese kleinen ganz roten Rosen ihres Vaters vermissen. Sie sollte immer an die kleinen Blumen in ihrem Zimmer denken, wenn sie an der weißen Wand in der Eifel eben solche, vom Vater dort angebrachte Rosen sah.

Der erhaltene Traum vom Mercedes

Johann W. las eines Morgens eine Annonce, die von einem zu verkaufenden Mercedes sprach, einer »Okkasion«. Der Preis schien ihm erschwinglich, er hatte etwas Geld zurückgehalten, falls man ein neues Auto brauchte und das alte nicht mehr zu fahren war. Das Sparen auf einen Mercedes hatte er weiterhin verschwiegen. Die Farbe des Wagens war nicht wichtig, er hatte vergessen, danach zu fragen.

„Also, hör mal", sagte er zu Wilhelmine, „ich fahre da mal hin ..."

Sie gab keine Antwort, obwohl sie die Gesprächigere war. An seinem Ton hatte sie gemerkt: Es fand gerade eine seiner Sturheiten statt. Sturheit hasste sie, aber sie wusste: Raten und Diskutieren würde in diesen Fällen nichts ändern. Der Opel fuhr noch gut, also warum sich einen Mercedes ansehen, der brauchte mehr Benzin. Absurd.

Aber er hatte es beschlossen, und schnell war Johann W. nun zu dem Anbieter des Mercedes gefahren. Brav, mit seinem Opel. Er hatte sich den hellblauen Wagen angesehen und ihn gekauft. Johann W. hatte nicht einmal die notwendigen Fragen gestellt, mit welchen man die undurchsichtigen Zustände eines Gebrauchtwagens im Rahmen halten kann. Er, der vorsichtige, der sparsame Mann, hatte sofort Ja gesagt. Das musste, wie Wilhelmine darauf erwägte, ein Anfall oder Rauschzustand gewesen sein.

Johann W. machte eine kleine Probefahrt und war begeistert. Er bezahlte komplett die gebrauchte himmelblaue Mercedes-Limousine und fuhr damit zu Wilhelmine.

Die Probefahrt und die Heimfahrt sollten die einzigen Fahrten bleiben, bei welchen dieses Auto funktionierte. Als Johann W. nun seinen Traumwagen besaß, himmelblau wie seine Augen, stellte sich heraus, dass er einen defekten Mercedes erstanden hatte.

Es ging um das Chassis, das sich Johann W. nicht näher betrachtet hatte vor dem Kauf, und einige andere Fehler.

Wilhelmine, die weder seine Gelüste noch seine Träume je geteilt hatte, bemerkte hämisch, dass aber natürlich dieser Wagen einen Defekt hätte! Das Wort »Defekt« sprach sie genießerisch und prägnant aus.

Der Himmelblaue war nach kurzer Fahrt einfach stehen geblieben, sein Motor setzte aus. Er sprang auch nicht wieder an. Schwengel zum Ankurbeln gab es nicht mehr. Was es sein mochte, wusste Johann W. nicht.

„Die haben dich kommen sehen!“, rief Wilhelmine, als sei Johann W. ein Tölpel. Diese Redewendung hatte Laura auch schon oft in Bezug auf sich selbst gehört. Sie bedeutete jetzt hintergründig auch, dass dieser Mann, der schon immer im Kalten unter den Autos gelegen hatte, einer sei, der nichts von Autos verstünde und dumm genug, betrogen zu werden.

Er antwortete nicht. Diese Schmach war eine, nur der vergleichbar, als sie ihn vor allen Bekannten zum Hahnrei gemacht hatte.

Er probierte, den Mercedes zu reparieren. Es waren bald Wochen vergangen, in welchen seine Künste versagten, die Schmach wurde größer.

Wilhelmine raunte ihren Töchtern zu:

„Er grämt sich. Er sagt nichts mehr über den Mercedes. Jetzt haben wir zwei Autos, und er hat am Fahren keine Lust mehr. Er fährt weder mit dem einen noch dem andern Auto, sitzt nur stur und wortlos da.“

Es war ihm also ein hoffnungslos defekter Mercedes-Traum-Wagen verkauft worden. So oft er auch unter diesem Teile abgeleuchtet hatte oder stehend die Kühlerhaube geöffnet, gesucht und gehorcht, das Auto war nicht zu reparieren. Der verhehlte Defekt blieb also auch noch ein Geheimnis; er konnte den Wagen nur anlassen und ohnmächtig abwarten, bis er wieder aufhörte zu laufen.

Johann W. sagte nichts, fluchte nicht, fühlte sich geschlagen.

Wenn man zu fahren wagte, wusste man nie, wo das Fahrzeug stehenbleiben würde. Er, mit seinem geringen Geld, hatte sich seinen Irrtum gekauft, und dabei endlich so einen, wie die Freunde ihn längst hatten. Er war auf einen schlauen Händler hereingefallen, hätte den Himmelblauen stehen lassen müssen.

Ein Bekannter, der von solchen Dingen weit weniger wusste als er, hatte zu allem Hohn auch noch die Bemerkung gemacht:

„Das Chassis war verzogen."

Sollte Johann W. das übersehen haben? Er, der vor dem Krieg einen ganzen Buick auseinandergenommen hatte! Wilhelmine wagte nicht mehr, mit ihm über den Wagen zu sprechen. Die Limousine stand als sein überflüssiger Besitz auf der Straße herum, sein Opel in der Garage.

Sie sagte leise zu Laura:

„Wir können uns doch zwei Autos gar nicht leisten. Es muss etwas geschehen."

Zwei Wochen darauf hatte die kluge Wilhelmine einen anderen Dummen per Annonce gefunden, der der Schönheit der himmelblauen frisch gewaschenen Limousine zum gleichen Preis auf den Leim ging. Undurchsichtig, wie sie das angestellt hat, dachte Laura. Mein Vater hätte es nie zustande gebracht. Und Johann W., der das alles schlicht vor sich verschwieg, wagte es wieder, mit seinem Opel zu fahren, ungern wie immer, aber das ging.

Wie war er doch auf Wilhelmine angewiesen. Peinlich, aber immerhin half sie ihm.

Der Reinfall und die Zeiten der Ermattung

Es wurde spät in seinem Leben. Er sann nach, über sein Schicksal und das seiner Eltern, das seiner Töchter. Er hatte die Mädchen früh in die vornehmen rheinischen Tanzcafés geführt, damit sie unter seiner Obhut angemessene Anwärter finden sollten. Aber sie hatten nur gekichert und den gut erzogenen jungen Männern, die er sich ansehen konnte und die seine hübschen Mädchen zum Tanz baten, den Tanz verweigert.

„Nein danke", hatten sie einfach gesagt, und weiter gekichert. So ein Nachmittag war immer sehr teuer gewesen. Die Mädchen gingen nun selber aus und suchten sich dummerweise schwierige, andere, oft leichtlebige Herren, die ihnen früher oder später das Dasein versalzten. Was sollte er noch tun? Er sann nach, über den Krieg, die Geschichte, über Politik und die Zukunft in seinem Land. Er starrte Löcher in die Luft.

Wilhelmine sagte hinter seinem Rücken wieder böse:

„Dieser Russe."

Laura hatte sie mit ihren Ausdrücken mit der Zeit den ganzen guten Eindruck von ihrem Vater ramponiert, sie zudem zur Komplizin gemacht bei ihren Liebesausflügen, und manchmal zum Alibi. Solange Laura ein Kind gewesen war, war sie stolz darauf, denn Wilhelmine teilte nur ihr alles mit, auch Peinliches aus dem Schlafzimmer, und Hella sagte sie nichts. Sie kaufte auch nur Laura elegante Kleider später, Hella nicht.

Johann W. merkte, dass Laura ihn weniger liebte. Ob er sich erklären konnte, warum, erfuhr sie nie. Es machte ihn traurig und einsam. Dazu kam, dass sie in ihrem Liebesleben schreckliche Sachen erfuhr, und er ihr nicht helfen konnte.

Immer später wurde es, Johann W. merkte es daran, daran, dass sich einige seiner besten Freunde nach und nach verabschiedet hatten, es gab keine Treffen, keine lustigen Kegeltouren, überhaupt keine Ausflüge mehr. Außer, dass er gern in sein kleines Häuschen auf dem Land fuhr und dort im Garten arbeitete. Aber Wilhelmine hatte auch immer weniger Lust, dorthin zu fahren.

Niemand wusste, dass Johann W. doch noch von seinem Taschengeld und kleinen Nebenverdiensten für einen Mercedes sparte. Er hatte sich ein Geheimfach angebracht, im Nachttisch.

Seine Socken wurden in diesem Teil aufbewahrt und es gab eine Zwischenunterteilung aus Holz, also im unteren Nachttisch zwei Fächer. Unter dem ersten Fach brachte er nun, geschickt wie er war, ein zweites kleineres Brettchen im Hintergrund an, so konnte man in den Zwischenraum etwas einschieben. Etwas, das keiner bemerkte, denn es war ja nur einfach sein Socken-Schränkchen.

Mit großer Geduld und heimlicher Freude hatte er trotz der schwierigen Umstände 4.000 Mark angespart und die großen Scheine in sein Geheimfach geschoben. Wilhelmine hätte es nicht für möglich gehalten und sollte es auch keinesfalls erfahren.

Die Macht der Illusion

Einer dieser geistreichen Autoren oder einer, der sich selbst so einschätzt, hat gesagt, dass ein Mensch die Illusion, die seiner Art entspreche, mit Leidenschaft umarmen solle. Das allein mache ihn glücklich.

Das ist vielleicht so, wie mit den heißen Wünschen, man umarmt sie liebend, glücklich, und verbrennt sich dann daran. Aber sonst macht einen auch nichts zufrieden. Das Umarmen seiner ureigenen Illusion verstand der alte Johann W. immer noch. Und gingen nicht auch die andern ihren Illusionen nach, weil sie überzeugt waren, aus ihnen müsse das Glück gelingen?

Ob aber die Erfüllung einer Illusion, ihr Übertritt in die Wirklichkeit, dann am Ende glücklich machen kann, bleibt auch eine Frage.

Johann W. wurde noch stiller. Laura hatte ihren Vater die vielen Jahre zuvor froher gesehen. Wie kindlich hatte er manchmal gelacht, und wie still sich gefreut. Sie sah ihn kaum noch, und wieder war es so, als ob man »gar kein Thema hätte«, obwohl er ihr aus allen schwierigen Lebenslagen hinaus geholfen hatte.

Sie war nicht glücklich, er auch nicht.

Er leistete nun als Rentner in der umgebenden Nachbarschaft kleine Flickarbeiten, räumliche Anstriche. Die Bekannten des Ehepaares hatten zu Anfang ihres selbst gewählten Ruhestandes gerufen:

„Ihr seid das jüngste Rentnerehepaar im ganzen Viertel!"

Johann W. »ging mithelfen« bei seinem ehemaligen Gesellen, in dessen Betrieb, welcher in Johann W.'s Haus sich befand. Die ehemalige Verkäuferin war nun seine Ehefrau.

Johann W. arbeitete gegen Stundenlohn.

Er konnte noch immer allerlei instand setzen, in dem vermieteten Mietshaus. Andernfalls hätten Miete und Pacht des Geschäfts zum Leben kaum gereicht. Es begann die Zeit, in der die Reparaturkosten in Häusern zu den höchsten zählen sollten; manche Neuanschaffung einer Sache erwies sich als billiger, als es die Reparatur der alten gewesen wäre.

Man erzählte im Viertel, wie eigensinnig Johann W. anstriche, wenn man ihn dazu beauftrage. Wollte man eine Wand in Lichtgrün haben, striche er sie himmelblau und würde sagen, das sei doch die schönste Farbe!

Laura verstand auch das sehr gut an ihm, denn als sie einmal aus dem Ausland nach Hause zurück gekehrt war, hatte er ihr Zimmer himmelblau gestrichen, zu ihrer großen Freude.

Es war nun nicht mehr die alte Würde des eigenen Betriebs, die ihn hochhielt. Was er tat, brachte nur Geld. Er hatte diese Einkünfte also heimlich gespart, und wusste, dass sein immer noch bestehender Mercedes-Wunsch Wilhelmines höhnische Bemerkungen auf den Plan gerufen hätten. Er hielt sich auch das Wissen vor, dass er niemals zu einer neuen Mercedes-Limousine mit solch schmalen Beträgen kommen könne. Er hatte stur gespart, dennoch.

Oder sparte er auf seinen Mercedes immer noch, weil seine Hoffnung keinen anderen Gegenstand mehr gefunden hatte?

In seinem Nachttisch hatte er also das kleine Sperrholzbrettchen über den Socken längst angebracht unter dem Mittelbrett.

Den Spalt zwischen den Brettern hatte er so angelegt, dass man ihn von außen, auch beim Öffnen des Nachtschränkchens, nicht sah, er lag im Dunkel über seinen ordentlich gestapelten und zusammengezogenen Socken. Wenn er einen Hundertmarkschein sich erarbeitet hatte und mit dem andren umgetauscht zu größerem Schein, schob er ihn heimlich in den Nachtschrank. Er bekam mit der Zeit tatsächlich viertausend Mark zusammen!

Wenn einer die Würde verliert

Er lebte nun als ein unbeachteter Mann. Das Geld, das er für Zigaretten verbrauchte, war nicht zu sparen. Das Rauchen konnte er nicht aufgeben. Er rauchte und hustete viel. Manchmal fuhr er zu seinem Eifelhäuschen, dessen Zustand nicht der beste war. Das Obst verdarb, sie hatte keine Lust, es einzumachen. Die dunkelroten Rosen, die bis zu den kleinen Fenstern reichten, die er ihr zuliebe gepflanzt und die auch seine Freude gewesen waren, wurden zu selten geschnitten. Die Erdbeeren mussten geerntet werden, aber ihm taten die Waden weh. Einmal begegnete er Laura in seiner alten Vorstadtstraße und sagte:

„Ich hab Zahnweh. Er will mir nächste Woche so viele Zähne ziehen ...“ Dabei war sein Gesicht alt und gelb. Er tat ihr leid, sie wusste, dass er Arztbesuche lebzeitlang gemieden hatte. Auch seine gelbe Farbe schien ihn nicht zu warnen. Wilhelmine sagte in ihrer gewohnt leichten Art, als Laura sie besuchte:

„Er hat wieder seine Lederhaut.“

Auch sie fand nicht, das sei ein Grund, ihn untersuchen zu lassen. Als er gestorben war und gerichtsmedizinisch untersucht, glaubte sie nicht daran, dass er eine Hepatitis gehabt hatte.

„Der hatte einen Herzinfarkt! Einen Tod erster Klasse, hat der Arzt gesagt!“, rief sie.

Erst der Hausarzt, der ihn nachts hatte obduzieren müssen, fragte Laura:

„Warum bloß ist Ihr Vater nicht zu mir gekommen!? Wir kannten uns doch so lange."

Und er erklärte ihr, was seine Todesursache und seine Hepatitis gewesen war. Sie erklärte ihm, dass er nie zu einem Arzt hatte gehen wollen.

Vielleicht hatte Johann W. lebzeitlang gewusst, dass das Wolynsche Fieber und die Hepatitis daraus unheilbar sind, hatte es niemandem mitgeteilt.

Nur er wusste auch, wo sein Geld versteckt war. Johann W. verstand zu schweigen. Sein Geheimnis war vielleicht das Einzige, womit er sich selber guttat.

Sein lauter Raucherhusten wurde Wilhelmine zunehmend unangenehm, und obwohl auch sie, wegen ihrer chronischen Bronchitis, immer gehustet hatte.

Laura erinnerte sich, dass in ihrem Elternhaus stets Husten zu hören war, entweder von ihm oder von ihr. Sie hasste Hustengeräusche. Ob das nun gerecht war, oder nicht. Sie wünschte sich, dass sie nie so husten möge, ihr und anderen dieses unerträgliche Geräusch erspart bliebe.

Sie spürte längst, dass das unmäßige Rauchen ihres Vaters ihn fertig machte. Und – dass es nicht zu ändern war.

Einmal kam des Abends einer der Freunde von Johann und Wilhelmine W., der rasante schneidige Architekt, der nun zwar älter war, aber immer noch der gleiche, zu Besuch. Wilhelmine war ganz schön in ihn verliebt gewesen, Laura hatte die beiden einmal überrascht, als sie sich mit hochroten Köpfen im Flur neben dem Laden küssten.

Das war lange her, aber es war geschehen. Und machte sie ihm immer noch schöne Augen? Aber ja, sie hatte nie damit aufgehört. Ob sie es tat, war früher und jetzt ohnehin nicht zu beweisen. Johann war an Ahnungen gewöhnt, die sich nicht beweisen lassen. Aber niemand gewöhnt sich je daran.

Johann W. starb in dieser Nacht, in welcher der Architekt abends mit ihm und ihr ein paar Schnäpse getrunken hatte. Es war die Weiberfastnacht-Nacht. Wie oft sollte Laura später darüber nachdenken. Gerade diese Nacht hatte er gewählt?

Er starb in der genannten Nacht an einem heftigen Herzinfarkt, einem endgültigen.

In der Nachttischschublade hatte das Nitro-Präparat gelegen, das man ihm für so einen Fall bereitgelegt hatte, und von dem sie wusste. Sie hatte es ihm nicht verabreicht. Sie erklärte Laura später, sie sei zu müde gewesen, und so nicht darauf gekommen. Aber sie hatte ihm mit einem Eukalyptus-Präparat die Brust eingerieben.

Laura erinnerte sich, dass sie selbst, den Erzählungen nach, als Säugling auch beinah gestorben wäre, und Wilhelmine es nicht bemerkt hatte. Hierzu hatte sie gesagt: Du sahst aus wie ein kleiner Greis, aber ich dachte, du seiest auf dem Weg der Besserung, ich sagte dem Arzt: „Sie schreit nicht mehr, es geht ihr besser."

Der Arzt hatte geantwortet:

„Sie kann nicht mehr schreien, sie ist zu schwach."

Man hatte Laura gerettet, mit Hilfe einer Amme.

Als nun Johann jäh gestorben und dann weggeschafft worden war, kam nach und nach die Familie zusammen. Obwohl man es doch hätte wissen müssen, wirkte sein Tod wie eine Überraschung.

Die Tochter Laura, die sich klar und ruhig verhielt, erkannte doch seinen plötzlichen Weggang nicht an. Sie begann erst nach fünf Jahren, um ihn zu trauern und dann mehr und mehr. Vielleicht hatte sie es nicht begreifen wollen. Die andere Tochter, Hella, überlegte, sagte zur Mutter Wilhelmine:

„Jetzt habe ich keine Angst mehr vor ihm, er war eben, wie er da lag, nur noch ein kleines Männchen."

Dann überlegte sie weiter, vermutete, dass er irgendwo Geld gespart habe.

Sie fand plötzlich zielsicher heraus, wo es sein musste. Beim Herumkramen war sie ebenso kurz und zielsicher, sie war immer noch von praktisch brauchbarem Instinkt, das hatte sie immer schon gekennzeichnet. Hella fand in wenigen Minuten Versteck und Geld.

Johann W. sollte alles selbst bezahlen, was in dieser Nacht sich ergeben hatte.

Das Begräbnis, Briefe an Bekannte, Herrichtung des Grabes, Sarg, Bewirtung, Gespräch in der Trauerhalle mit dem Pastor, Fahrt mit dem Totenwagen zur ausgehobenen Grabstelle, das alles sollte genau viertausend Mark kosten.

Epilog

Johann W. wurde von seiner Tochter später ein Gedicht gewidmet:

Vater unser
oder
Das Wolgalied

Im Keller aus Zement
sang er das Wolgalied.
Hast du da oben vergessen mich.
Er schnitt das schwarze Fleisch

in Stücke, nach dem Krieg.
Ein totes kleines Schwein,
herangekarrt vom Land.
Geheim. In dunkler Nacht allein

und fern. Seine behende Frau
ging immer schon fremd –
oder immer noch. Es steht
Ein Soldat am Wolgastrand.

Zurück aus Berditschka über
Jugoslawien – hinter jeder Hecke
vielleicht ein Partisan – schleppte
er Angst und Ekzeme heim,

was später keiner besprach.
Sein Gemüt war dem der Russen
verwandt, aber die Zeit falsch gewählt.
Eine Frau sagte Dobryden und sah:

Hält Wache für sein Vaterland.
Des nachts fuhr er hoch
und schrie. Am Tage setzte er
hartnäckig Stein auf Stein.

Dann brach erneut
das Dach des Hauses ein.
Alles von vorn. Es leuchtet
ihm kein Stern.

Zwei kleine Kinder
hatten den Vater
in ihrer Notunterkunft
kaum mehr erkannt.

Regungslos die Steppe
Schweigt. Zu mager,
jäh zu alt, abgespannt.
Unkenntlich der kürzlich noch

junge Mann. Aber eines rief
um Mitternacht aus dem Bett:
Dich kenn ich doch!
Eine Träne ihm ins Auge steigt.

Für den Verkauf
unter der Hand
Zerlegt er im Keller
das Schwein.

Und er fühlt, wie's im Herzen
frisst und nagt. Die Wände
unten kalt und naß, im
Gewölbe hallte das Lied.

Wenn ein Mensch verlassen ist.
Stehend sang er es, starr das
Gesicht, klamm die Hand.
Und er sang für zehn.

Du hast da oben
viel Englein bei dir.
Schick doch eines davon
zu mir.

INHALT

Von der Autorin außerdem im rrv erschienen:

Ingeborg Drews
Mein Paris trägt grüne Schuhe
Eine autobiografische Erzählung
Hardcover: ISBN 978-3-943580-04-4
Softcover: ISBN 978-3-943580-33-4
Roland Reischl Verlag, www.rr-verlag.de

„Wild" wächst sie auf, ihr Spielplatz sind die Kriegstrümmer des Kölner Vorstadtviertels. Als es jedoch für die Erwachsenen wieder aufwärts geht, stößt Laura Wassenberg mit ihren eigenen Ideen zu Hause auf Unverständnis. Immerhin kann sie bei ihrer Gebrauchsgrafiker-Lehre die Freude an der Malerei ausleben. Und sie findet einen Ort, der ihr als Insel der Glückseligen erscheint: die Eisdiele des Pierluigi „Gigi" Campi an der Hohen Straße in der Innenstadt. Hier swingt es, treffen sich Künstler, Jazz-Musiker und andere „Typen". Fasziniert vom kosmopolitischen Ambiente, wagt Laura den Ausbruch. Nahezu mittellos fährt die 21-Jährige nach Paris, um an einer Kunsthochschule zu studieren. Wird sie die Hürden meistern?

Dr. Ingeborg Drews, geb. Weiser, Kölnerin, Jahrgang 1938. Lehre als Gebrauchsgrafikerin, 1958 bis 1960 Studium Malerei und Grafik an den Kölner Werkschulen und der „École des Beaux-Arts" in Paris. IHK-Abschluss Handels-Englisch und -Französisch; beruflich u.a. bei der Deutschen Welle engagiert. Erneutes Studium 1975 bis 1978 mit Abschluss in Freier Grafik an der FH für Kunst und Design Köln sowie 1991 bis 1995 Kunsttherapie und Psychologie an der Universität Köln, Dissertation 2003.

Seit 1958 journalistisch, literarisch und künstlerisch tätig. Veröffentlichungen u.a. *Die gewöhnliche Sternstunde (Gedichte); Verboten, Verbannt, Verbrannt (Porträts verfemter Autoren der Nazi-Zeit)* und seit 1998 regelmäßige Beiträge im *Jazz-Podium*. Für ihre Lyrik und satirische Fotografien wurde die Autorin mehrfach ausgezeichnet. Ingeborg Drews ist 2019 in Köln verstorben. ■